# 近代天皇論

——「神聖」か、「象徴」か

片山杜秀
Katayama Morihide
島薗 進
Shimazono Susumu

a pilot of wisdom

目次

## 第三章 「天皇の軍隊」と明治天皇の神格化 —— 65

# 第四章　「仁政」と「慈恵」の福祉国家

「持たざる国」の福祉政策
宗教的な救貧の基盤が弱い日本
福祉国家のお手本は後発先進国のドイツ
幻に終わった国営の損害保険
「国体護持」のために始まった民間生命保険
天皇の「仁政」による「慈恵」
アメを配ることができなかった明治政府
民を救う天皇というイメージの創造
関東大震災の教訓
国家総動員体制と保険
社会福祉の「明治化」で分断される平成の国民
「慈恵」への退化と近代国民国家の崩壊
明治と平成の聖徳論

# 第五章　大正デモクラシーと未完のファシズム



——131

## 第六章　戦後も生きている国家神道

近視眼的現実主義が国を滅ぼす
「お言葉」から読み取れる脱神格化の訴え

# 第七章　神聖国家への回帰を防ぐために

近代日本における天皇とは何だったのか
「生前退位」は「国体」を脅かすと言う右派論者
人間としての弱さをもつ天皇だからこその存在意義
今上天皇は象徴天皇制についての最大の思想家
昭和天皇の「人間宣言」を引き継いだ今上天皇
水平的な天皇像VS.垂直的な天皇像
資本主義の限界で起きた民主主義の失墜
「静かな全体主義」の進行
オルタナティブな現実主義の構想を
「慰霊の旅」に見えるかすかな希望

# 序　天皇のあり方しだいで日本の近代が吹き飛ぶ

## ▼民主主義と近代の危機のさなかの天皇制

片山　この国の民主主義は大丈夫なのでしょうか。天皇制はどうなってゆくのでしょうか。民主主義の言葉の定義を単なる多数決とかではなく、立場の異なる意見を不断に調整し集約してその都度その都度の落としどころを発見する「永遠の作業」と考えますと、今の日本の現状はそういうふうにはまるでなっていないのではないですか。その意味では民主主義は壊れつつある。国会での議論はあきれるほど空疎な言葉と論理の応酬になり、与野党の議論がかみ合う場面を滅多に見ることがない。そのくらい訳のわからないものになってています。日本国憲法についても、西洋近代民主主義の原理原則なんてみんな忘れてしまったかのような方向で、きわめて大胆な「改正」が議論されています。

ひとりひとりが最大限自由に振る舞えるに越したことはないという意味での自由主義の

原則。それから今申したような意味での民主主義の原則。西洋近代はそうした考え方に沿って政治の「グローバル・スタンダード」を何百年かかけてつくってきましたし、日本も明治維新と敗戦のふたつの契機を通して、その流れを信任してきたと思ってきました。

しかし実はそうでもないらしい。自由主義や民主主義の原理原則をかなりないがしろにするような言説が大手を振って罷《まか》り通っている。それが改憲の議論にも反映している。放っておくと近代が終焉《しゅうえん》を迎えそうな気配が漂っているのです。近代の危機と申してもよいと思います。

この危機の原因はなんでしょうか。ここ数年単位の政治状況、たとえば自民党政権の「横暴」のせいだとか、指導者が右寄りの思想の持ち主だからとか、そういった近視眼的な次元に求めても、ある程度の説明はつくでしょう。

しかし、民主主義や近代が根こぎされるほどの事態が生じているとすると、そこまでのことがそう短期日だけで起きるはずもない。土台がもっときちんとしていれば、そう簡単に起きないはずのことが起きているということは、はっきり申しますと土台がきちんとしていなかった。そこに尽きてくるのではないでしょうか。私たちの経験している危機の原因については、もっと根深いところにまで思索が及ばないとよくわからないのではないでしょうか。

問題を解くカギは、日本的切り口にもあれば、世界的切り口にもあると思います。とりあえず日本から攻めると、やはり天皇をめぐる大問題に触れざるをえない。「天皇と近代」ですね。あるいは「天皇と民主主義」。それが本当のところ並び立つのか、並び立たないのか。明治以来くりかえされてきた議論に立ち戻らないと、今の日本のことはおそらくよくわからない。

乱暴に直感的に言ってしまうと、明治維新から約一世紀半、敗戦から四分の三世紀近くたった今なお、天皇の持ち出しようによっては、この国は近代を吹き飛ばせると思うのです。

個人とか自由とか民主といった言葉をチャラにできるポテンシャルを持っているのが相変わらずの日本なのではないか。「一億一心」になれてしまえる国なのではないか。

そこをもっと掘り下げたいと、近代日本政治思想史の研究者として考えていた、まさにそんな折に、生前退位の「お気持ち」を表明する「お言葉」（巻末に全文を掲載）が発せられました。天皇自身の考える望ましい天皇のあり方を国民に語りかけたのです。

私としては、ついに来るところまで来たという感じがしました。もちろんその「お言葉」の文言のなかに近代も民主主義も言葉としては存在しないのですが、戦後民主主義の体現者となられるようにひたすら念じて過ごしてこられたに違いない今上天皇自身が「天皇の効用」をいちばんご存じだし、近代や民主主義と相反する「効用」についてはどうしても封じたいというご意思をお持ちであって、それが「お言葉」の背景に強くあるのではないか。私はそのように感じてしまったわけです。

しかし「天皇と民主主義」などという大きくかつ困難な問いは、私のような小人の手に余ることでして、ひとりで考えていてもまったく無駄であります。そこで、日本の宗教学・宗教史の泰斗であり、近年は国家神道の研究ですぐれた業績を残されている島薗先生と、僭越《せんえつ》ながらお話しさせていただいて、少しでも大テーマをときほぐしてみたいということでございます。何卒宜《なにとぞよろ》しくお願いいたします。

**島薗**　片山さんの問題意識に大いに共感します。「天皇と近代」「天皇と民主主義」というテーマは、大変な難問ですが、博覧強記の政治思想研究家である片山さんと議論することで、民主主義に関する議論を未来に向かって進めていきたいという気持ちが私にもあります。

**片山**　この「お言葉」を受けて、案の定、右派と左派の論壇は通常に想定される態度とはどちらも逆にふれました。

天皇の言葉や意思を尊重して絶対にゆるがせにできない。昔風に言えば「承詔必謹《しょうしょうひっきん》」ですね。天皇の意向、すなわち詔勅を承ったら、必ず謹んでそのとおりにする。これは愛国者の根本精神だったでしょう。右派は「承詔必謹」であるべきだというのが、ひとつの原理原則ですね。ところが伝統回帰で天皇絶対と言っているはずの右派は猛烈に天皇の意向に反発しました。

一方で、天皇の存在を括弧に入れたがって、天皇から解放されたいと願って、天皇の存在を前提にしてはもう負けだというくらいの姿勢で、長年来ていたような、つまり日本が天皇のいない共和国になることを夢見ていたはずの左派リベラル層が、今上天皇の「お言葉」を熱烈に支持したと言いますか、心のよりどころにさえしているように見受けられる。こんな「ねじれた時代」が来るなんて、一昔二昔前に誰が予想したでしょうか。

天皇の存在と近代社会の精神、あるいは天皇と戦後民主主義、その関係をきちんとつめてこなかったこの何十年間のツケを見るような気がします。

もちろんそれは私自身をふくめての反省です。せめて日本が西洋流の近代化をせまられた幕末まではさかのぼって、この国の伝統と西洋近代の相剋《そうこく》について考察しなければ、今の日本の危機をきちんと捉えることはできないでしょう。そしてそこで重要なのは天皇中心の国柄ということになってくると思うのです。

## ▼よみがえる「神の国」という思想

**島薗**　おっしゃるように、日本の民主主義は危機的な状態です。そのような危機をもたらしているもののひとつが、国家権力を宗教的な価値観と結びつけ、明治憲法に回帰することをよしとする宗教ナショナリズムです。

天皇の「お気持ち」表明に対して、「国体が壊れてしまう」と右派系の論者は言います。ここで言う「国体」論とは、「日本が天照大神《あまてらすおおみかみ》から続く神の子孫であり、万世一系の系譜を持つ天皇家の下に途切れることなく続いてきた、世界にもほかに例を見ない素晴らしい国である」という考え方で、これは安倍政権や日本会議がよく使う「美しい伝統の国柄」という言葉の背後に隠れているものです。

非常に心配なのは、そうした人たちが「国家主義」あるいは「全体主義」的な方向性をもって、今の政治勢力を支えているということです。現状は楽観を許しません。たとえば、ようやくメディアも取り上げるようになってきた日本会議という存在です。

あるいは、安倍首相が二〇一三年の伊勢神宮の式年遷宮の際に、一〇月二日の「遷御《せんぎょ》の儀」というクライマックスの式に参列したという「事件」です。しかも八名の閣僚が同行しました。これについて政教分離原則違反であると批判すれば、私人として行ったという弁解がなされるでしょうが、首相でなければ正式の参列はできませんから、実は国家行事に近いことになります。これを憲法上、問題のある行為として報道した大手メディアは「朝日新聞」だけでした。

現職首相の式年遷宮参列というと、一九二九年の浜口雄幸《はまぐちおさち》首相以来、史上二度目のできごとです。その二年後の一九三一年に満州事変が、六年後の一九三五年に天皇機関説事件があり、日本の歴史が戦争に突入していった。そのことをもう一度、かみしめる必要があります。

二〇一六年のG7サミットを三重県・伊勢志摩で開催したことも、天照大神を祀《まつ》った伊勢神宮が国家神道における最高位の施設であるという文脈を見落としてはならないと思います。つまり、五月二六日に各国首脳に「御垣内参拝《みかきうちさんぱい》」にあたることをさせたわけです。「御垣内参拝」というのは正式参拝にあたるわけですが、「二拝二拍手一拝」の作法は求めなかったと言います。「産経新聞」の五月二四日付によると、「あくまで自由に拝礼してもらう形をとる」とあるのですが、それでもこれは外交行事に特定宗教を持ち込むことにかなり近いです。

「遷御の儀」への参列も、各国首脳を伴っての「御垣内参拝」も日本国憲法二〇条の政教分離の規定に反するものと疑われるでしょう。伊勢神宮と天皇こそが神聖な日本の国家の源であるという信仰を示す行為を、現役の首相が首相の資格でしてしまったわけです。

**片山**　各国首脳が伊勢神宮を訪問したという話で思い出したのは佐藤鋼次郎《こうじろう》のことです。彼は最後には中将までいった陸軍の軍人で、愛国的な思想啓蒙《けいもう》活動にも従事した人物です。その佐藤が、最晩年の一九二三年に『明治神宮懺悔《ざんげ》物語』という奇妙な思想小説を出版しました。

この作品は、ロシア革命後、社会主義と資本主義の最終戦争が起きるかというような時代相のもとで、日本がどのように世界のなかで地位を保つべきかを探求しているのですが、西洋人たちが東京に集って喧々囂々《けんけんごうごう》と議論するのですね。

このなかで、日本人が、こんなことを言うくだりがあります。利己主義や個人主義、欲望追求型の西洋の資本主義は世の中を破壊していくだけであって、共同体や相互扶助、宗教的な感情がないと人間の社会というのは立ち行かない。そうした近代の矛盾を解決する思想は明治天皇が示していて、明治神宮はそれを体現したものなのだと。
日本人に論破された白人全員は、最後に明治神宮に出かけ、懺悔してしまう。しかも祀られている明治天皇をこれからの世界の指導原理の体現者であると、白人たちが認める。ロシア革命から六年後で関東大震災の年にそんな思想文学があらわれているのですね。

**島薗**　同じ時期の一九一九年に京城に設立が命じられた朝鮮神宮（当初は朝鮮神社）は、天照大神と明治天皇が祭神でした。日本の神を海外に押し付けるということが、そのころから当たり前のように考えられるようになりました。

**片山**　天皇を中心とする日本的な価値観が世界を制する。混乱する世界に和をもたらせるのは日本だけ。そういう思想が、ロシア革命後の日本には、ひとつでき上がっていた。現在の日本会議も、伊勢神宮に外国の首脳が訪問することで、何か目覚めの起きることを期待しているのではないですか。

**島薗**　尊皇攘夷《そんのうじょうい》で育まれ、日露戦争勝利で膨張した対外優越意識が、伊勢志摩でよみがえってしまったところがありますね。戦前に回帰するように、現在の政権もなんとかして伊勢神宮に国家的な地位を与えようとしているわけです。
さらに自民党の周辺では、「文化の日」を「明治の日」に変えようという運動も起きている。これは明治天皇の偉大さを賛美する明治節の復活であって、日本は「天皇の国」「神の国」だという意識を強めようとする動きだと思います。

## ▼「明治の魔法」と「アメリカの魔法」

片山　島薗先生のお話を聞いていて、もうひとつ思い起こしたのは、司馬遼太郎の次のような言葉です。

「日本という国の森に、大正末年、昭和元年ぐらいから敗戦まで、魔法使いが杖をポンとたたいたのではないでしょうか。その森全体を魔法の森にしてしまった。発想された政策、戦略、あるいは国内の締めつけ、これらは全部変な、いびつなものでした。（中略）魔法の森からノモンハンが現れ、中国侵略も現れ、太平洋戦争も現れた」（『「昭和」という国家』日本放送出版協会、一九九八年）

近代日本を語るとき、今なお司馬遼太郎のいわゆる「司馬史観」は大きな影響力を持っていて、戦前日本は大正デモクラシー後の昭和からおかしくなっていったという見方は根強くあります。

つまり、司馬遼太郎自身は、「魔法」はだいたい昭和に入るころからかけられたものだと考えていた。それまでは正気だったと。しかし、私自身も島薗先生と同じように、「魔法」は明治維新のときすでにかけられていたと思うのです。

それに対して今日の復古主義的な人々は、戦後こそアメリカに「魔法」をかけられてしまった、その前は正常だったという立場でしょう。大東亜戦争には大義があったが、東京裁判で一方的に裁かれた。「押しつけ憲法」に屈辱を感じ、戦後民主主義、戦後憲法の説く国民主権と基本的人権の尊重と絶対平和主義を、悪魔のかけた「魔法」の呪文と感じている。解きたくて堪《たま》らない。解けば正気に返ると考えているのでしょう。

でも国の正気なんてあるのでしょうか。私は国というのは何かの「魔法」をかけることでいつの時代にもできているものと思っているのですが。つまり何かしらの「魔法」は必ずかけられているし、かかっているものだと思うのです。明治維新で天皇中心の国づくりが試みられたときにひとつの「魔法」にかかった状態が始まったと思いますが、その前にはその前の「魔法」があったはずで。

**島薗**　そこは大きな焦点ですね。私は現代の日本社会が、「アメリカの魔法」にかかっているという気持ちは理解できなくはありません。

しかし、そのことと民主主義や人権思想を否定することは別の問題です。なぜなら、民主主義や人権につながる考え方も日本人が自らの経験のなかから身につけてきた側面が大きいし、また、戦後だけの話ではなく、戦前にその芽があったと考えることもできるからです。

そうであるならば、私たちは「明治の魔法」も「アメリカの魔法」も解除して、新しい民主主義のあり方を構想しなければなりません。そのためには、「天皇と民主主義」の関係を明治維新にさかのぼって考察することが必要なのです。

# 第一章　ジレンマは明治維新に始まった

## ――天皇と臣民のナショナリズム

## ▼神としての天皇と臣民のナショナリズム

**片山**　先ほどのお話で、「明治の魔法」という表現がありました。明治国家が日本人にかけた「魔法」ですけれども、これを言い換えれば、明治国家は天皇を軸とする宗教的な価値観を支えにした「魔法」で国をつくり上げた。

その「魔法」の世界に戻りたい。明治憲法に回帰することで日本は真に日本らしくなれる。そういう宗教ナショナリズムが今日、この国にけっこう表だってよみがえっている。「明治の魔法」にまたかかるのかどうか。それが現代日本に突きつけられている問題と言えるのではないでしょうか。その意味をこの章では、考えていきたいと思います。

明治維新に始まる近代日本の歴史を考えるとき、まずもって西欧列強に対する危機意識があったことは間違いありません。明治の始まる一八六八年は、まさに欧米の帝国主義が加速していくような時代です。つまり、軍事力をベースにしたグローバル化の時代です。

このままでは欧米列強に日本が飲み込まれてしまう。日本の独立をどうすれば守ることができるのか。そんな切迫した状況のなかで採用されたふたつの旗印が、「王政復古」と「文明開化」でした。

このふたつは一見、分裂している。時間の向きが正反対である。「王政復古」は過去や伝統を志向するものであり、「文明開化」はつまり西洋文明化であって、日進月歩の西洋近代の科学やら制度やらをどんどん取り込もうということで、これはもう未来志向。

しかし、徳川時代の身分制度を解体して、「天皇と臣民」という関係をつくる点では一致しているのです。

「王政復古」の理想は、はるかいにしえの王朝時代に戻ることです。その時代には士農工商の身分制度は存在しません。天皇とそれに仕える臣。その臣には天皇に仕える民もふくまれる。臣民ですね。日本には天皇と臣民の二種類しかない。そういう世界です。「王政復古」を唱える人々の「理想」のなかでは、天皇と臣民の関係だけが存在したということです。

一方、「文明開化」を唱えた人々は、西洋の政治や社会や経済を真似《まね》て、近代国家の建設をめざしました。近代国家の体裁を整えるだけでなく、西洋のシステムを導入することで国力をつけていく。国力をつけていくのに、実は重要なのは、国民の国家への帰属意識、そして国民のあいだでの平等です。身分制度にこだわっていたのでは、兵隊の数も新しい産業に必要な工場労働者の数も確保できません。士農工商のうち士だけが武装し、工だけが工場労働者になれて、階層の移動が難しいとしたら、近代化なんてできるはずもない。徳川時代に社会秩序を安定させてきた身分制度が、ここでは「障害」になる。日本人は一律に等しく国民であるという考えを浸透させて、国家のために働いてもらわなければならない。

しかし西欧のように、じっくりと国民国家をつくり上げる時間はありません。啓蒙思想の伝統もない。対等の人間同士が契約して国家をつくって同じ国の国民になって義務も果たすが権利も求める。たとえばそんな共和国の思想を根づかせる素地もこの国にはない。それでも近代国家らしいものを急造しなければならない。使えそうな手は「天皇と臣民」というかたちだけだった。「臣民国家」というようなかたちで国家と国民をつくるしかありませんでした。

**島薗**　それは一見、うまくいったように見えます。臣民の忠誠心を高めて、神聖な天皇のもとに一致団結するという思想を吹き込んで、富国強兵にいそしみました。植民地化をまぬがれ、憲法や議会をつくって、不平等な条約も改正できた。忠誠心あふれる軍隊を育てて、天皇のために命を投げ捨てることを理想としようとした。

しかしその帰結は第二次世界大戦の悲惨な敗戦です。一億総玉砕や神風特攻隊が正当化され、「天皇陛下万歳！」と叫びながら多くの兵士が死んでいった。

**片山**　戦前日本は、勝ち目のない戦争に突入し、膨大な数の犠牲者を出してしまった。そうした結末を迎えた明治システムの欠陥とは何であったのか。明治国家の近代国家建設のどこがどうまずかったのかを浮き彫りにできたらと思うのですが、いかがでしょうか。

**島薗**　日本の近代と天皇の関係を考えるうえで重要な問題提起だと思います。

そもそも江戸時代の民衆にとって、天皇の存在が大きな位置を占めることはありませんでした。明治の世になったからといって、民衆が急に天皇崇敬に傾いたわけではありません。それが太平洋戦争の時代になると、少なからぬ人々が天皇のために命を投げ出す覚悟をするまでに至ります。国家や軍部の指導者はそれをあてにして、あおるようになりました。

**片山**　宗教史的に見たときに、その原因はどこにあるとお考えですか。

**島薗**　一言で言えば、明治初期から、国家神道を国民にゆきわたらせる仕組みが整備されていったことだと思います。しかしそれは、複雑なプロセスを経ているので、順を追って説明しましょう。

## ▼「王政復古」のために創造された国家神道

**島薗**　片山さんがおっしゃるように、「王政復古」とは中世をすっ飛ばして、古代律令制の時代に戻ることを意味します。

このときに掲げられたスローガンが「祭政一致」です。政治の中心には祭祀《さいし》をつかさどる天皇がおり、その祭祀を通して下々にも天皇崇敬がゆきわたり国民が統合されるということをめざしたのです。そのための制度として、一八六八（明治元）年に神祇官《じんぎかん》を復興する。神祇官とその後継である神祇省は数年間で廃止されますが、当初は政府の最高官庁として位置づけられていました。

**片山**　神祇官は、もともと七〇一年の「大宝律令」で制定された、神祇祭祀をつかさどる官庁ですね。

**島薗**　ええ、このことひとつを取っても、いかに古代の神道国家への回帰という要素が明治維新のなかで強かったかがわかります。

続けて一八七〇年一月三日の「大教宣布《たいきょうせんぷ》の詔《みことのり》」では、天皇に神聖な地位を与え、「惟神《かんながら》の道」、すなわち神道で、「億兆同心」、国民が一体となる、つまりは国教化する国家方針が示されました。ただし布教能力は弱く、仏教勢力の抵抗もあって、神道の国教化は挫折するのですね。

しかしその一方で、一八六八年に「神仏分離令」を公布して、神社を自立させ、その地位を仏教の上位に高めようとした。この「神仏分離令」によって、全国で廃仏毀釈《はいぶつきしゃく》と呼ばれる仏教や民俗宗教への抑圧の嵐も吹き荒れていくわけです。

神祇官は数年で廃止され、廃仏毀釈も一八七〇年代半ばにはおおよそ収束し、いったんこうした先鋭的な動きは落ち着くのですが、「祭政一致」という理念はその後も根強く、明治政府に受け継がれていきました。

制度的には、新しい皇室祭祀が次々に定められ、それに合わせて国民の祝祭日も制定されていきます。祝祭日には、学校をはじめ、さまざまな場所で、国民が皇室祭祀をお祝いする行事が催される基盤がつくられました。

**片山**　国民の時間感覚が、皇室祭祀と深く結びついていくのですね。

**島薗**　そのとおりです。そしてもうひとつの大きな転換が、神社の組織統合でした。

もともと明治維新以前には、日本各地にさまざまな神社があり、それぞれ多彩な信仰を培ってきました。ですから、日本中の神社を束ねるような統一的な宗教組織は、幕末までは存在しなかった。

それが明治になると、皇室祭祀と連携しながら、全国の神社を一元的に統合し、伊勢神宮を頂点にした組織をつくり上げていきます。その結果、「神社神道」と呼び得るような一大祭祀組織が形成され、国家神道の重要な構成要素となっていくわけです。これがナショナリズム構築のために「創造」された伝統の基盤のひとつです。

## ▼「政教分離」を装った「神社非宗教説」という落とし穴

**島薗**　こうした一連の神社統合政策のなかで、神社は宗教ではなく「国家の宗祀」であると位置づけられました。一般に言う「神社非宗教説」です。

**片山**　神道の国教化に挫折したために、別の理屈で神道の優位を制度化しなければならなかったということでしょうか。

**島薗**　国内の要因に眼を向ければ、仏教界などからの反発の結果、そうなったということでしょう。

一方で、対外的な面を見れば、西欧近代にならった法整備をしなければ、日本はいつまでも二等国のままで不平等条約の撤廃がかなわない、という大問題もひかえていました。

近代国家というものは、西欧の常識にならえば、信教の自由を認めなければならない。だから日本も、信教の自由を認めて、「政教分離」を制度化する。一八八九年に発布された大日本帝国憲法でも第二十八条に「日本臣民ハ安寧秩序ヲ妨ケス及臣民タルノ義務ニ背カサル限ニ於テ信教ノ自由ヲ有ス」と書かれています。

**片山**　そうすると、「王政復古」や天皇崇敬をどう処理するかという問題が出てきます。

**島薗**　そうなんです。明治政府は、非常に巧妙な理屈をつくり出しました。それは、国家神道は宗教ではない、と定義することで、「祭政一致」と「政教分離」が併存できるということになります。

国家神道は、宗教ではない、言ってみればこの国に生きるうえでのおおもとの「道」のようなものなのだ、だから国家が皇室祭祀とともに神社を管理し振興しても構わないという理屈です。

重要なのは、国家神道と他の宗教との関係です。端的に言えば、国家神道は「祭祀」や「教育」に関わるもの、あるいは社会秩序に関わるものと位置づけられたのに対して、その他の宗教は死後の再生や救いの問題、あるいは内面の安らぎに関わるものだとされたわけです。

近代国家は、西欧の常識にならって、信教の自由を認めなければならない。だから日本も、信教の自由を認めたことにして、「政教分離」を制度化するという体裁は整えた。しかし同時に、国家神道を「非宗教」とすることで、国家神道の持ち場である「祭祀」や「治教」、つまり治められる臣民への教えは国家が担うことができるような制度設計をしたのです。

## ▼「教育勅語」が天皇崇敬に国民を導いた

**片山**　今お話しくださったのは、国家神道の儀礼、施設、組織の側面ですね。しかしいくら制度が整っても、精神的な教化が伴わなければ、天皇陛下のために死ぬ覚悟は生まれません。尊皇や天皇崇敬の精神性は、どのようにつくられていったのかということを考えると、真っ先に思いつくのは一八九〇年に発布された「教育勅語」です。

ただ、「教育勅語」は必ずしも国家神道とイコールというわけじゃありません。そこには家族を大切にするとか、目上の人を敬うといった儒教道徳も語られています。

**島薗**　おっしゃるように、「教育勅語」の文意には国家神道に直結しない要素も含まれています。しかし同時に、「教育勅語」が発布されたあとは、学校での行事や集会を通じて、天皇崇敬を促す神聖な文書として国民自身の思想や生活に強く組み込まれていったのも事実です。

では、どういう理念が「教育勅語」を生み出していったのか。私は「皇道」や「皇学」という思想が重要だと思います。

「国体」は基本的に政治体制と結びつきの深い理念ですが、国体のなかの「人として生きる道」に焦点を当てると「皇道」になります。

**片山**　「教え」のニュアンスが非常に強い言葉ですね。

**島薗**　そうです。治められる臣民への教え、つまり「治教」です。さきほど「祭政一致」が明治維新のスローガンだったと言いましたが、現実には、「教」という要素も強い。だから、「祭政一致」というより、「祭政教一致」をめざしたというほうが正しいかもしれません。

この「治教」を担った中心的な思想が「皇道」です。そして「皇道」をコンセプトに、明治国家の教育の形成に深くコミットした人物として、松代藩《まつしろ》（真田藩）の重臣であった長谷川昭道がいます。昭道は、熊沢蕃山《ばんざん》や水戸学の影響を受けると同時に、佐久間象山に学んで洋学の導入にも理解を示していた。

この長谷川昭道の唱える皇道論の構造が、全国民が従うべき国家神道はその他の宗教とは別の次元にあるものだという神社非宗教説とよく似ているのです。彼は、儒学や国学、洋学もふくめて、どんな立場の学問だろうと、皇道と皇学に包摂できると考え、一八六八年、学校の構想を練っていた岩倉具視《ともみ》に建白書を提出するのです。

**片山**　結果はどうだったのですか？

**島薗**　現実的な案だという評価を受け、新政府の学校掛の任を任されるのですが、皇学が諸学問を統括するという昭道の構想はすぐに実現することはありませんでした。一八七二年に「学制」が公布されると、西洋流の学問教育体系の導入にエネルギーが注がれたため、「皇道」が教育の場には広がっていかなかったのです。

しかし一八七〇年代の半ばから一八八〇年代にかけて、宗教集団を通じての国民教化が行き詰まりを見せます。それとタイミングを合わせるかのように、学校で、天皇中心の「教」に従う教育を取り入れなくてはならないという声が高まってくるのです。

それを具体化したのが、一八九〇年の「教育勅語」だというのが私の見方です。政府は維新直後から皇道という理念を具体化する場所を探していた。すなわち、国民教化の方法を模索していた。それが「教育勅語」に結晶して、近代日本の国体論的な精神構造の基軸になるわけです。

### ▼明治維新の二枚看板の矛盾――「王政復古」と「文明開化」

**片山**　今のお話をうかがって、やはり、明治維新というのは、「王政復古」と「文明開化」という矛盾する二枚看板で企てられたことを実感します。この相矛盾する二枚看板が、明治の制度のあちこちに埋め込まれているわけですよね。「祭政一致」を唱える一方で、「政教分離」をする。天皇中心の皇道を教育でたたき込むけれど、西洋的な学問も教えるという具合に。

**島薗**　その二枚看板が、明治国家の本質的な矛盾を示しているのではないでしょうか。一八八九年に制定された大日本帝国憲法にもその二重性がよく示されています。

大日本帝国憲法には、前文にあたる「上諭《じょうゆ》」というものがありますね。そこには、国家統治の大権は、「朕《ちん》」つまり明治天皇である自分が「祖宗ニ承ケテ」、ということは暗に天照大神の神勅を受けてということにもなりますが、それを子孫に伝えていくものだ、と記されている。

しかし同時に、天皇は憲法の規定にしたがって統治するという立憲主義の原則も明らかにされています。

## ▼天皇の「しらす」政治

片山　では明治憲法が、天皇に権力が集中するシステムを構想しているかと言うと、実は違うのですね。

私が思う明治憲法の欠陥というのは、危機に際して、誰もリーダーシップをとれないシステムをつくってしまったということです。

明治憲法をつくるときに、井上毅《こわし》は日本の伝統的な政治に対する観念を憲法に入れようとしました。それが「しらす」政治です。明治憲法第一条「大日本帝国ヲ万世一系ノ天皇之《これ》ヲ統治ス」という条文の「統治す」は、井上の草案では「しらす」でした。「しらす」とは、古語で「統治する」という意味に相当し、「知る」に語源があります。何を「知る」のかと言うと、天皇が臣民の気持ちを知る。そして自分の気持ちを知らせる。お互いが知り合って、お互いの意思、意向に齟齬《そご》がなくなったところで政治行為を行うことが「しらす」です。

島薗　トップダウンではなく、全員が納得して物事を決めるようなニュアンスですね。

**片山**　しかし、「しらす」という政治概念が日本の憲法の重要な概念である、ということになると、近代国家として西洋に認められにくくなる。そのような条文は翻訳不能ですから。

そもそも不平等条約を改正するためには憲法が大事であり、こういう立派な憲法を持っていますと欧米に対して言いたいときに、大和《やまと》言葉とかをやたら使っているようでは、欧米に対して説明できず、近代国家の憲法の役目を果たさなくなってしまう。それで「しらす」は「統治す」という翻訳的な表現に変わったのでしょう。

## ▼「しらす」の精神が生んだ権力のタテ割り

**片山**　ただ、言葉は変わったけれども、明治憲法体制全体に「しらす」の精神は行き渡っているように思える。つまり、権力がいたるところで分散し、多元化しているのです。

たとえば、立法府は二院制で、貴族院と衆議院に分かれています。どちらが上位ということはありません。片方が可決した法案を片方が否決すれば即廃案になります。

行政府にはむろん内閣組織が置かれ、総理大臣がいます。しかし権限が弱い。閣僚の調整役以上の役割はなかなか果たせません。

そのうえ行政府には内閣と対等な組織として枢密院が存在しました。内閣の重要な判断を覆すことができます。行政府も二院制のようなものだったと考えてもよいかもしれません。

もちろん議院内閣制ではありませんから、議会政治家が内閣を組織する決まりもありません。

それから軍隊です。帝国陸海軍は立法府にも行政府にも司法府にも属さず、天皇直属のかたちになっています。だから、内閣も議会も軍に命令できません。しかし同時に、軍が政治に介入することは少なくとも法的にはできない建前になっているのです。

**島薗**　そのトップには天皇がいるけれど、「しらす」の政治である以上、トップダウンの政治はできないわけですね。

**片山**　制度としてみれば、できなくはありません。憲法を字義通り捉えれば、天皇親政という解釈もありえましたし、それを追求する思想的流れも敗戦までずっとあったと思います。

たとえば太平洋戦争中の石原莞爾《かんじ》は天皇大権を天皇本人が独裁的に運用してこそ日本の戦争指導は合理化できると考えていたと思います。

けれど、天皇は、伊藤博文や井上毅によって考えつかれた近代日本の宮廷政治の仕方をよく教え込まれていました。なるべく自分の意思は持たず示さない。明治天皇も大正天皇も昭和天皇も「しらす」という原則を一所懸命に遵守しようとしたのは、その後の歴史を見ても明らかです。

### ▼明治システムは「無責任の体系」

**島薗**　片山さんがさまざまな著書で書かれているのは、明治憲法のタコツボ的なシステムを変えられなかったために、第二次世界大戦という非常事態にも意思決定がまったく機能しなかったということだと思います。戦争に負けることがわかっていた人間は少なからずいた。でも、まわりの空気をうかがって、戦争をやめようと言い出せないし、その権限も持てない。天皇も自分の意思を示すことはできない。丸山眞男《まさお》の言う「無責任の体系」は、明治憲法のシステムに埋め込まれていたということですね。

**片山**　はい。ただ、そうなると、明治時代はどういうふうに意思決定をしていたのか、という疑問が出てきます。

その答えは「元老がリーダーシップをとっていた」です。明治時代は、維新の元勲・元老たちがいることがあくまで前提条件で、彼らがリーダーシップをとっていたわけです。だけど、元勲や元老は内閣や議会には属していません。いわば黒幕のような存在ですが、表舞台で堂々と国を統治していました。

ところがこれを別の言い方で言うと、元老がいなくなれば「しらす」と分権の組み合わせだけが残ってしまって、日本の統治機構は慢性的に機能不全になる。つまり、明治のシステムは超法規的な異常なものでした。

## ▼権力の上層が空洞化する日本の歴史

**島薗**　片山さんは、なぜ明治のシステムがそういったタコツボ的なものになったとお考えですか。

**片山**　権力という点で言えば、「第二の江戸幕府」が生まれないことを最大の目的としたからだと思います。

日本の過去の歴史を振り返れば、摂関政治があり、鎌倉と室町と江戸という三代の幕府がありました。摂政も関白も征夷大将軍も天皇の名において任じられます。

社会の規模が大きくなればなるほど、徴税、土木工事、軍事防衛といった国家の活動は複雑化します。しかし、権力の実質は低きに流れる傾向がありますから、これらをトップダウンで仕切ることはできないので、天皇は摂関へ、摂関は武家の将軍へ、将軍は執権や管領《かんれい》へと権限を移譲していき、権力の上層は空洞化するわけです。

島薗先生がおっしゃるように、江戸時代には天皇の存在を知らない民衆なんて珍しくはありませんでした。それをくりかえしてはならないと思ったからこそ、天皇をトップにする「王政復古」をやってのけた。しかし、現実的に天皇親政は無理でしょう。

**島薗**　大政奉還のときに明治天皇はまだ一五歳でしたからね。

**片山**　しかもこれから、「文明開化」や「富国強兵」を推進していかなければならない。そのためには、革命に等しい国家の変革が必要です。そう考えると、また将軍のような存在が台頭して、天皇は有名無実化しかねません。

では、幕府の再来を阻止するにはどうすればいいか。最初からできるだけ権力機構を細分化しておけばいい。内閣、議会、裁判所、陸軍、海軍を切り離して、ヨコのつながりもなくし、それぞれの中身も切り刻むのです。そうやって、とにかく天皇よりも上に立つ大物があらわれないようにする仕掛けをつくって、足りないヨコの連携は元老たちのネットワークでまわしていくことにしたのでしょう。

## ▼民衆の宗教ナショナリズムが天皇を神格化した

島薗　片山さんが指摘する明治システムの欠陥と、私がさきほど述べたことを合わせると、戦前の日本が滅んだ理由がよくわかります。

国家神道や国体論が昭和維新のようなテロや暗殺を生み出したり、第二次世界大戦の理性を欠いた精神主義をもたらすほどの影響力をもつことを、明治国家をつくり上げた元勲や元老たちは予想しなかったはずです。彼らは、天皇崇敬をうまく利用することで安定した支配体制ができると考えたわけですから。

しかし元老は、自分たちがいなくなる状況には想像が及ばなかったのでしょうね。元老政治ができなくなる大正、昭和になると、統治システムが機能不全になると同時に、「教育勅語」で育った民衆の宗教ナショナリズムを軍やメディアが増幅し、国家が振り回されるようになってしまった。

片山　時代が下るにつれて、日本は操縦不可能になっていたのだと思います。

島薗　同様のことを、哲学者の久野収も言っています。鶴見俊輔との共著、一九五六年に刊行された『現代日本の思想』（岩波書店）で、「日本の超国家主義」がどうして生まれたのかを述べているのですが、明治の国家体制は、民衆向けの「顕教」と、エリート向けの「密教」の組み合わせで成り立っていたと。

すなわち、国民全体に対しては、無限の権威を持つ天皇を神として信奉させる建前を教え込み、国民の紐帯《ちゅうたい》と国家への忠誠心を確保する。これが「顕教」ですね。

他方、エリート向けに、国家と社会の運営にあたる際には、近代西洋の民主主義や自由主義の制度を導入して、政治や経済をまわしていく。明治憲法では、欧州並みの立憲君主制を規定し、対外的にも近代国家であることをアピールする。ただし、これはエリートのなかだけの暗黙の了解です。つまり、「密教」ということになります。

なぜこんな顕教・密教システムが必要だったのか。エリートでも受け止めるのが困難な、いわゆる黒船来航以来の「西洋の衝撃」に、一般庶民が耐えられるわけがないと踏んだからでしょう。維新以降の国家像を組み立てていった伊藤博文ら明治の元勲たちは、この二重構造が存続し、「密教」の立場が政治システムを統御し続けることを意図していました。

しかし、この顕教・密教システムは、五〇年ほどで、崩壊へと向かいます。

第一次世界大戦のあと、一九二〇年代あたりから、「顕教」すなわち国家神道を掲げる「下からのナショナリズム」や、その影響を受けた軍部や衆議院の発言力が強くなり、「密教」の作動を困難にしてしまった。言い換えれば、国家に向けられた民衆の宗教性が、明治の元老たちの思惑を超えて、天皇の神格化を後押しし、歴史を動かしてしまったということです。

# 第二章　なぜ尊皇思想が攘夷と結びついたのか

## ▼なぜ尊皇思想は水戸藩で生まれたのか

**片山**　第一章で議論したように明治維新以来の日本の近代のジレンマとは、まさに「王政復古」と「文明開化」の二枚看板を建ててしまったことに起因すると思います。

では、なぜ維新政府は、この二枚看板を建てざるをえなかったのか。それを考えるためには、幕末のスローガンである尊皇攘夷思想を考察する必要があります。とりわけ重要なのは、明治維新の起爆剤となった水戸学です。

**島薗**　水戸学の影響というのは、戦前から今なおかたちをかえて脈々と生き続けている国家神道は言わずもがな、国体論を刷り込んだ「教育勅語」や「軍人勅諭」にまで流れ込んでいますね。

教科書的に言うと、水戸学というのは、江戸時代の水戸藩で形成された独自の儒学の流派です。水戸黄門で有名な二代藩主の徳川光圀《みつくに》が『大日本史』を編纂《へんさん》するなかで皇室を尊ぶ思想が生まれ、後期になると尊皇攘夷の学問となって薩長《さっちょう》の維新志士たちに決定的な影響力を及ぼしていく。

でも素朴に考えて、どうして水戸藩という場所で、尊皇と攘夷が組み合わさった思想が生まれたのかというのは、大きな問題としてあるわけです。

**片山**　時系列で言えば、尊皇が先にあって、一九世紀に入るあたりから攘夷が表だってくっついてくるかたちでしょう。徳川光圀は徳川家康の孫ですけれども、彼がそもそも尊皇家でした。

なぜそうなったのかがおもしろいところで、水戸藩の立場が関係しているのですね。水戸藩は尾張藩と紀州藩と並んで徳川御三家と称されました。いずれも家康の子供を初代藩主としていて、他藩とは格式が違い、将軍家に準ずる存在と見なされた。

しかし水戸が少し低いのです。尾張と紀州の藩主は大納言なのに、水戸は中納言。尾張と紀州は将軍家に跡継ぎがいないときには将軍を出せる家柄とされているのに、水戸の藩主は「副将軍」という正式ではない称号で呼ばれ、参勤交代もせずにいつも江戸にいて将軍を補佐するのが仕事とされる。江戸がもしも攻められたときに旗本とともに将軍家の楯となることを求められていたのも水戸藩です。おまけに尾張と紀州に比べて石高がかなり低いし、領地の常陸《ひたち》は決して豊かな土地ではありません。負担が違うのです。経済力に比する政治的・軍事的負担率が江戸時代の諸藩のなかでもきわだって高いのが水戸藩。そう考えてよいでしょう。

そこで水戸の人々はなぜ自分たちだけがそれだけの負担に耐えなければならないのかを哲学する必要があった。そこの理屈が通らないとなぜこんな目にあうのかが納得できない。徳川光圀、つまり世に言う水戸黄門は率先して考えました。水戸藩は命懸けで幕府を守る。幕府にそれだけの値打ちがある。そう納得しようとした。幕府の力が強いとか、徳川家康が戦国時代の最後の勝者だったからというような、力の強弱の論理では、その場合納得できない。

より強い者が出れば交替する。たまたま徳川が強かったから幕府をたてて、もしももっと強い者が出れば退く。そんな話だったら、その程度のものを命懸けで守って、いざというときは徳川の一門として玉砕するなんてばかばかしいでしょう。

徳川光圀は、もっと筋の通った、より普遍的な理屈が欲しかった。大義です。将軍家を力ではなく義の観点から意味づける。なぜ将軍家を守ることが命を捨てるほどにつねに尊いのか。征夷大将軍の位を天皇から与えられているからです。天皇に信任されているからです。そして天皇は神話時代から連綿と続く他国に例を見ない特別な存在である。日本という国が特別で、その特別さを守るのが将軍である。そう考えれば大義が出てきますよ。

将軍の権力、幕府の秩序を保つことは、そのまま天皇を守り、日本の「世界に冠たる国柄」を護持することに直結する。徳川光圀は尊皇によってこそ水戸藩の思想的立場は確立し、いつでも将軍家のために身を捨てられると考えた。

徳川光圀は「義公」と呼ばれますけれども、その義は天皇の大義なのです。日本の歴史の義は天皇によって通る。ほかのものではダメ。水戸藩の自己犠牲の精神は尊皇の心以外からは、真には出てこない。

同じ一族だから将軍を守るなんて理屈は弱い。そして天皇が続いているから日本はすごいのだという理屈は、天皇が続いてきたから日本の歴史は素晴らしかったという事実からのみ確認しうる。

そこで光圀は『大日本史』の編纂を始め、史料集めのために日本全国に史臣と呼ばれる歴史調査官たちを走らせる。この話にとてつもない尾ひれが付いて『水戸黄門漫遊記』になってしまう。そうやってみんな尊皇の話になるのです。

### ▼攘夷の原点――会沢正志斎の『新論』

**島薗**　その尊皇思想に、攘夷がくっついていく。背景としては、一八世紀の終わりぐらいから、外国船が日本近海にやって来たことが大きいのでしょうね。

**片山**　それは非常に大きいと思います。とくに一八一〇年代くらいからのことですけれども、イギリスとアメリカの捕鯨船が、日本近海、とくに房総から東北、岩手沖ぐらいまでを漁場にして、毎年何ヵ月もずっとうろうろするようになる。それを漁民や船員が目撃するわけです。

水戸藩にいたっては、地元の漁師がイギリスの捕鯨船に招かれて、物々交換したり、宴会までして、ご馳走《ちそう》してもらって、日本地理を教えているというような。もちろん藩には秘密にして、漁師たちは国境を超えた「海の男」の同志的信頼関係から、異国船の乗組員と交流していたのですが、それがとうとう、大事件になった。

**島薗**　一八二四年の大津浜事件ですね。

**片山**　はい。大事件と言うには起きた中身の規模は小さいけれど、思想的にはやはりインパクトの強い大事件でした。イギリスの捕鯨船の乗組員数人が、薪水と食糧を求めて水戸藩家老・中山家の領地の大津浜に上陸したら、村役人に見つかり捕まってしまった。

それでもう幕府や水戸藩から人が駆けつけ大騒ぎになりました。幕府は間宮林蔵のような外国通を派遣してくる。水戸藩からは当時の水戸学の中心的人物である会沢正志斎《せいしさい》が尋問役として派遣されました。

正志斎はいろいろ尋問した結果、イギリスは日本を植民地化しようとしていると結論づけたわけです。幕府存亡の危機がもうすぐそこまで近づいている。この事件の後、すぐに彼は『新論』という本を執筆する。天皇中心の国を守るためには、天皇の神格を認めないキリスト教の国と交際するのは好ましくない。尊皇を守り抜くためには攘夷である、と熱烈に説かれております。

この『新論』が幕末の攘夷の志士たちのバイブルになっていくのですね。吉田松陰らが夢中になる。大津浜事件は、明治維新のひとつの原点だったと思います。

**島薗**　会沢正志斎の『新論』に代表される後期水戸学は、明治期に形成される国体論や「教育勅語」にストレートにつながっていきます。そして、その後期水戸学の背景には、大津浜事件のように、日本が植民地化されてしまうのではないかという具体的な危機感があったということですね。

## ▼江戸期の宗教大転換——神仏習合から神儒習合へ

**島薗**　後期水戸学の思想を、江戸の宗教史のなかに位置づけると、それは神仏習合から神儒習合への転換の流れに入ってくるものです。

江戸初期を見れば、仏教は徳川の安定した統治に役立つ文化装置として、ある意味で非常に保護されていた。要するに、島原の乱でキリシタンが完全に禁圧されてからは、それと並行して、キリシタン宗門ではないことを証明するために、住民は仏教寺院に所属して戸籍登録に相当することをしなければいけなくなった。

しかし、次第に武士層のなかに儒教、とくに朱子学が広まっていくわけです。おもしろいのは、林羅山、藤原惺窩《せいか》、山崎闇斎《あんさい》といった江戸初期の儒学者たちは、みな禅を経由して儒教を学ぶようになっていくことです。

禅ももとは統治体制の権威の源泉という側面をもっていたのですが、修行にはげむ禅僧を見ていると、どうしても個人主義的に見えてしまう。そこに違和感を覚え、人間関係を重視する儒教のなかで、道徳的な修養を求めるようになったのでしょう。

**片山**　仏教は統治の学問にはならないということですね。

**島薗**　もともとは仏教は正しい社会秩序の根本理念、すなわち「正法」を提示するものと考えられていました。日蓮などに顕著に見られますね。しかし、宋学と呼ばれる新たな儒学が興隆する東アジアの大きな変化の潮流を受けて、信長以来、社会理念の提示者としての仏教の機能を抑えたと見ることができます。それを受けて、儒教の立場から仏教を批判するような潮流が江戸の早い時期から出てくるんですね。
その後、儒教が神道化していきます。その代表が、山崎闇斎の提唱した垂加《すいか》神道ですね。儒学と神道を統合して、天と人との一体性が強調される。ここから儒教的な尊皇愛国がひとつの思想として発展していくわけです。

**片山**　つまり、神儒習合という流れと、仏教軽視の流れが並行して起こっていくのですね。

**島薗**　ええ、民衆の信仰もある局面では神道に傾いていくようになります。お伊勢参りもそうですし、もともとは仏教との結びつきが強い山岳信仰が次第に土地の神の性格を強めて、神道化していく。一部の山岳信仰など、仏教的要素が後退していく傾向が広がります。富士信仰、御嶽信仰などがその代表です。
そういう流れの中で、江戸中期以降、仏教も儒教も外来のまがいものだと否定して、日本固有のやまとごころを明らかにしようとする国学という思想潮流が強まっていきます。

## ▼仏教と儒教の緊張関係

**片山**　江戸期の思想というのは、いろんな潮流が並行しているから、なかなか整理しづらいのですが、儒教であれ、民衆の信仰であれ、仏教の影響や存在感が薄まっていくと考えれば共通しているのですね。

**島薗**　ひとつの見方として有効だと思います。儒学者が仏教は家族を大事にしないと批判したり、国学者が仏教はこの世の秩序をないがしろにしていると批判したりしていますから。

しかしさらに巨視的に見ると、東アジアの儒教文化圏というのは、大乗仏教と儒教が組み合わさって支え合いながら、緊張関係にあるのですね。つまり、文明理念の構造が二元的なのです。

対照的に文明理念の構造が一元的なのが、中世ヨーロッパやイスラム圏です。キリスト教やイスラム教が、王権を神聖化する役割を担うわけです。上座部仏教のタイやスリランカも一元的です。

ところが、東アジアでは、世俗のトップが仏教に熱中することはあるのですが、仏教とは別に王権の神聖化をつかさどる儀礼や理念がある。基本的には儒教で、日本の場合はそこに神道が入ってきますが、いずれにしろ東アジアではおもに二元的な構造です。

ただ日本の場合は歴史的な変化も大きい。鎌倉・室町時代までは仏法優位の一元的な文明構造に近かった。とはいえ、そこでも仏法が王権を神聖化するとともに、仏法と王法

（つまり儒教＝神道的なもの）が相並び支え合うという意識があった。それが信長以後になると、王法が優位の二元的な宗教構造になっていきます。

**片山**　しかも寺社勢力は、ある領地を支配したり、僧兵を抱えたりというふうに、国のなかで別の秩序をつくる傾向があります。

**島薗**　だから、信長や秀吉は仏教を弾圧しました。天下を取る側、つまり統一政権をつくる側からすると、一向一揆はひどく邪魔だったわけです。

**片山**　武家と仏教とのあいだには、利権を奪い合うような対立構図もあったんじゃないでしょうか。出家者を養うために、お寺は食い扶持を集めないといけない。武家から見れば、自分たちの取り分が奪われるのだから、排斥したい気持ちがつねにある。

明治になって廃仏毀釈が行われますが、幕末のペリー来航の前にすでに、水戸藩では徳川斉昭《なりあき》の方針で仏教寺院を排斥していました。お寺の鐘を潰《つぶ》して、海防のために大砲をつくったりしているのです。

水戸を訪れた吉田松陰は、夜寝ているとすごく静かで、寺の鐘が聞こえないことに気づく。なぜ寺が鐘を鳴らさないのだろうと思って、水戸藩の人間に尋ねると、藩主の徳川斉昭公が鐘を潰して大砲にしたと。松陰は、これぞ皇国の誉れと涙を流すほど感激したという記録が残っています。

島薗　神仏分離や廃仏毀釈の研究によると、長州も幕末に淫祠《いんし》整理をやっています。これも実は中国の影響があります。中国では歴史上、何度か大々的に廃仏があったわけです。日本では織田信長の時代に仏教勢力をたたき、江戸時代になると一方で檀家制度で仏教を利用していくのですが、儒教思想が広まると仏教批判が強まり、いくつかの藩では排仏に至るわけですね。

## ▼儒学者によってもたらされた日本の小中華思想

片山　今議論したようなかたちで、江戸期を通じて、水戸学や国学などが影響し合って尊皇思想が強まっていく。そして江戸中期になると、さらに対外的な危機意識から攘夷が出てくるということだと思います。

しかし、尊皇と攘夷のふたつがくっつくためには、もうひとつ仕掛けがあります。それが日本的な小中華思想じゃないでしょうか。

島薗　日本が中国に代わって、華夷秩序の中心になるという意識ですね。

片山　はい。単に外国船を打ち払うだけでは、攘夷とは言えません。攘夷の「夷」とは、華夷の「夷」ですから、華夷秩序の中心に日本が位置して、野蛮な外国を追い払うという意識が生まれてはじめて攘夷という思想は成り立ちます。そこにはすでに徳川光圀も抱いていたはずの日本の国柄が世界的に見て特別であるという自信がものを言ってくる。

では、その「日本が特別」という意識が江戸時代の思想史の文脈のなかでどうつくられてきたのかと考えると、そこでひとつの重大な背景として浮かび上がるのは、一七世紀中盤の中国における明の滅亡でしょう。

そのとき大陸から日本に亡命してきた儒学者、朱舜水《しゅしゅんすい》は、水戸藩のお抱えとなって、徳川光圀の師となり、朱舜水のもとから『大日本史』の編纂に携わる学者たちも巣立っていったのです。水戸学の根本は中国からの亡命者によってつくられたと言ってよい。光圀は朱舜水に礼を尽くして師匠として尊敬し抜き、お墓も水戸藩の歴代藩主と同じ場所につくっている。別格中の別格の待遇です。

そして朱舜水は明朝崩壊過程を内側からつぶさに見て、自分も死線を越えてきた人です。明朝復活、清朝打倒のための援軍を頼みにはるばるヴェトナムまで行って殺されかけたり、本当に波瀾《はらん》万丈の人生を経て、長崎に住み、光圀に招かれて江戸に移って来た。

彼は明の滅亡のドラマに無数の裏切りを見てきた。義の崩壊した恐るべきカタストロフを見てきた。儒学の説いてきた仁義というものが雲散霧消する世界の現実をとことん味わってきた。孔子以来の中国は完全に滅びた。もう復元不能だと観念して日本に定住した。

その朱舜水にとって日本は、新しい中国になりうる国に見えたようなのです。作法や正義にこだわり、天皇家による王朝が古代から連綿と続いて、一度の易姓革命も起きていない。中国のように義が廃れては王朝が滅ぼされ、次の王朝が誕生し、また廃れては滅ぼされ、というおなじみのドラマが起きていない。

その意味では信じられないほどに平穏無事な理想国家として、朱舜水には日本が映りました。おまけに天下の副将軍は孔子を尊敬してすべてに筋目を通そうとする「義公」なんですから。

**島薗**　中国が理想としてきた儒教国家が、日本で実現していると思ったんですね。

**片山**　今後、実現しうる素地がじゅうぶんにある、自分が教えて多くの弟子を育ててゆけば。朱舜水はそれを光圀に言う。

そうすると、もともと尊皇の気持ちを強く持っていた光圀は、さらに自信を深めます。日本こそ、中国に替わって世界の中心に座するべき特別な国なのだ、水戸藩はその力強い担い手なのだという自信ですね。こうして朱舜水から理想国家のお墨つきをもらったことで、水戸学の尊皇思想が国際的にも通用するはずだとの自信が芽生えてくる。

**島薗**　儒教の易姓革命が日本では起きていないということですね。易姓革命は、皇帝の徳がなくなると、天が別の有徳者に天命をくだして革命が起こり、新しい王朝が生まれるという考え方ですが、日本の場合、天皇の王朝は替わっていない。

だから日本では、天皇の道義性や有徳性がずっと保たれる、あるいは有徳性を超えた神聖な何かがあると捉えられる。

**片山**　そこで儒教の天と、天皇が強く結びついていくのです。日本の天皇は、天の正義という抽象観念を地上で具現しているという考え方ですね。水戸学では、江戸幕府の存在価値を、その天皇を守っているところに求め、水戸藩の存在価値は天皇を守る幕府を守るところに求められるという、無限同心円状の広がりになってくる。

## ▼「神国日本」の優越感は辺境コンプレックスの裏返し

**島薗**　片山さんが説明してくださった尊皇攘夷を理解する補助線として、「神国」という概念を考えてみたいんです。

思想史家の佐藤弘夫氏の『神国日本』（ちくま新書、二〇〇六年）が鮮明にまとめているように、中世の神国思想は、仏教の末法思想の影響を強く受けています。末法思想に染められる平安末期では、仏法が衰えて乱世の時代に入っているという意識が強くありました。

そもそも末法というのは、時間的な概念です。釈迦《しゃか》の入滅後、仏教は、釈迦の教え（教）、正しい実践（行）、実践の結果としての悟り（証）の三つが揃《そろ》った正法の時代の一〇〇〇年、そして「証」が欠けた像法の時代の一〇〇〇年があり（ともに五〇〇年という説もあり）、その後は「行」と「証」を欠いた末法の時代へと衰退していく。だから、末法の世は、仏法の真理から時間的に離れていることになります。日本では平安時代中期から末法に入ったと考えられていました。

しかし日本の場合、時間だけでなく、地理的にも釈迦が生まれたインドから離れています。そこから日本は「粟散辺土《ぞくさんへんど》」に位置しているという意識も出てくる。「粟散辺土」とは、粟粒ぐらい小さな辺境国だということです。

だからこそ「和光同塵《どうじん》」、つまり衆生に近いところでこそ働く神が大きな役割を担う。だが、こういう辺境にあることのコンプレックスの裏返しとして、その神はまた仏と一体だという本地垂迹《すいじゃく》思想が浸透していきます。「本地垂迹」とは、本地である仏が、神に形を変えてこの世に現れる（垂迹）という思想です。仏と同等であるぐらい神は威力があり、神国は尊いということにもなります。つまり神国という思想は、仏から遠い国でも仏と一体の神があるという仏教優位の世界観に包摂されるかたちで展開されたのです。

**片山**　今の日本人が「神国」という言葉からイメージするような、一国優越的な意味合いはなかったんですね。

**島薗**　ええ。仏が神として垂迹したから日本は神国だという考えですから、独自性の意識はあっても、一国優越的な意識や排外的な意識はありませんでした。それが、安土桃山以降になると、日本こそがすぐれているという神国意識に変わっていきます。

佐藤さんはその理由として、近世に入って、仏や彼岸という超越的な権威が弱まっていったことを挙げています。そうなると、いろんな人間が自由に神国を論じられるようになる。ですから近世の神国思想には、仏教、儒教、国学と結びついたさまざまなバリエーションが出てくるわけです。

しかし幕末に対外的な危機意識が高まると、日本をひとつの国にまとめる必要が出てくる。そのときに、中心となる存在は天皇しか選択肢がなかったために、天皇制の伝統と神国思想が強く結びついていったというのが佐藤さんの見方です。

**片山**　たとえば山崎闇斎の思想なんて、中世的なコンプレックスを消すような話になっていますね。太陽「即」天照大神のように、「即」でつなげる議論がたくさん入っている。つまり、中世の日本人が感じていたような、時間的にも空間的にも真理から隔てられているという距離を打ち消そうとするのが、山崎闇斎の思想でした。

水戸学にしても、同様のことが言えます。

たとえば「国体」という言葉は、かなり昔から使われていたけれど、それは「国の性質」という中立的な意味でした。それを「日本の国は特別だ」という意味で使い出したのは水戸学だと言われています。

たとえば、徳川光圀に招かれた水戸学の学者、栗山潜鋒《せんぽう》は「国体」という漢字を「くにのひかり」と読んでしまう。国体というのは、国が光っていることだと。日本の国柄は相対的なひとつの国柄ではなく絶対的な国体になる。国体の意味がその辺からはっきりと、単なる国の性質ではなく、「日本の国のきわめて特別な性質」という意味合いに化けてくる。

このことも、明の滅亡と無関係ではないでしょう。明の滅亡とともに、光は東にやってきた。中国コンプレックスの打ち消しは完遂しようということでしょう。

## ▼会沢正志斎の予言

**島薗**　片山さんがさきほど指摘してくださったように、尊皇と攘夷が結びつくためには、日本中心主義のような思想が必要になってくる。それはまさに、日本の優越性を主張するタイプの神国思想がつくられていったことと並行していると言っていいと思います。

そうして江戸末期に尊皇攘夷思想が唱えられ、幕末の志士たちを動かしていくわけですが、結果的に言えば、尊皇は実現できたけれど、攘夷はできなかった。つまり尊皇攘夷ではなく、尊皇開国になってしまった。尊皇開国とは、片山さんの言う「王政復古」と「文明開化」の矛盾した二枚看板そのものですね。

**片山**　逆に言うと、果たせなかった攘夷という課題は明治以降も残ってしまったわけです。

しかし後期水戸学の会沢正志斎は、それを見越すような予言的なことを『時務策』という水戸藩主への提言書のなかで言っています。一八六二年のことです。

正志斎は、当時の日本の国力では欧米列強を追いはらって、攘夷をやりとげることは不可能であると、もうよくわかっていた。だから、とりあえず「文明開化」をして、チャンスがあったらまた攘夷をすればいいということを提言するのです。

つまり西洋文明の長所を学んで、経済力と科学力と軍事力で対抗できる段階に行くまで攘夷はお預けということですね。いったん諦めた振りをして、外国と仲よくし、やれるときまで待って、またやればよいのだと。できないことにこだわって国が滅んでは何にもならないと。

近代日本は、ある意味で、正志斎の予言どおりの道を進んでいきます。つまり尊皇攘夷のモチベーションはずっと維持し続けている。昭和の大東亜共栄圏も、言ってみれば日本が中心となって東洋チームをつくり、西洋を追い出すのですから、攘夷拡大版と見ることができます。

あまりに単純なストーリーかもしれませんが、明治から一九四五年までの歴史は、攘夷を延期して開国し、力がついたので攘夷に打って出たら大失敗をしてしまったと要約することもできるわけです。

**島薗**　その攘夷をするために、武士から脱皮した全国民総参加の軍隊をつくり、この軍隊が皇道思想や天皇崇敬の担い手になっていくという構造が明治につくられていきます。そこで章をあらためて、戦前の軍隊に焦点をあてて、天皇崇敬との関わり方を議論していきましょう。

# 第三章　「天皇の軍隊」と明治天皇の神格化

## ▼他国の侵攻で「一君万民」社会に

片山　ここまでの議論では、尊皇攘夷思想の源流にまでさかのぼって、明治国家のデザインが抱え込んでいた欠陥について議論しました。そして私のほうから、議論の終盤で、会沢正志斎の『時務策』を挙げ、幕末に果たせなかった攘夷は明治以降のどこかに延期されたという指摘をさせていただきました。

それを受けるかたちで、この章では「天皇と軍隊」というテーマで議論していきたいと思いますが、その前段として幕末の海防論を少し補足しておきます。

幕末の海防論のポイントが何かと言うと、ひとつには日本の長い海岸線をどう守ればよいか、ということにあります。日本は海岸線が長いから、どこに外国船がやって来るかわからない。

この海岸線を守るためには、武士だけでは人員が足りないわけですね。武士は士農工商の頂点に立って、農工商に養ってもらう戦士階級です。武力を独占しているのだけれど、人数は全国民のうちほんの数パーセントしかいない。経済的に見て、生産に従事しない武士のような階級は少ししか養えない。しかし、武士の少ないこの構造は外国が攻めてこないことが前提で、国内秩序を守るだけならそれで足りるけれども、ひとたびよそから攻めて来る可能性が出てくるとまったく無理なのです。

外国が来襲すると武家の世は壊れる。先例もあります。鎌倉時代ですね。元が攻めてくるというので海防となると、武家が担える負担率を超えてくる。元を追い払っても論功行賞も与えられない。武家社会にガタが来て、ついに「王政復古」になった。後醍醐《ごだいご》天皇の「建武の新政」です。続きませんでしたが。

でも、大陸からの侵攻が続いていたら違ったかもしれません。武士を特別に養って彼らに兵馬の権を与えていては、長い海岸線を守るだけの武士を日本の経済力では養えないので、破綻《はたん》しないように別の仕組みを考えないといけない。そのときは国民皆兵的な発想にどうしてもなります。

武家の世のずっと前の飛鳥時代、白村江の戦いあたりからの「国難時代」の防人《さきもり》もそうですね。全国の民を動員するのが海防の基本になる。日本の人口と海岸線の長さのバランスからいって、いつの世でもだいたいそうなる。外国が攻めてきそうになると身分制社会ではなく「一君万民」社会が求められるのが日本史の定石かもしれません。

それだから水戸学の会沢正志斎も「屯田兵制度《とんでんへいせいど》」を提唱しました。つまり、城下町から侍が駆けつけていたら間に合わないから、いつも海辺で開拓をさせながら住まわせようと。また、土着の民で兵卒に応募する者に対しては免税するという民兵制度の導入も打ち出している。

実はこういうことをペリー来航のずっと前、一八二〇年代ぐらいから正志斎は書いているのですね。それが幕末の志士たちに読まれ、高杉晋作は奇兵隊をつくって、士農工商を取っ払おうとする。明治維新後の国民皆兵の理屈につながってゆく。国民国家と国民皆兵の思想は西洋の真似ということだけでなく、海防国家の内在的筋道としても出てくるところがあるのです。

そしてもちろん藩単位の縄張り意識も邪魔になります。藩の領地単位で考えていては日本全体を守れない。海岸線のどこかに弱い小藩があって、そこは防備も手薄で、敵の上陸に抵抗できないとなったら、隣にいくら強藩があって、海岸に大砲を並べていたとしても、弱いところから上陸されて終わりですから、もうどうしようもない。「俺たちが守るのはここまで」みたいな意識では国は守れないのです。そこで藩の垣根をなくし国家一体となった海防の必要性も説かれてゆくようになる。

そうなると幕藩体制も武士階級も壊さなければならなくなる。江戸幕府の基本方針と衝突することになります。

　明治維新の四民平等や廃藩置県というのはこのへんの切実さとからめて考えないと理解できません。近代国家の体裁をつくるという意味はもちろんありますが、それは国防上の要求でもある。

　フランス共和国でもそうですが、近代国民国家の仕組みは、そもそも国防国家の要求抜きにはできないものです。フランス共和国は革命とナポレオン戦争の時代に耐える仕組みとして考案されていった。日本も同じです。四民平等も廃藩置県も、国民皆兵や総動員ということ、日本の海岸線を守るためにはどうしてもそうしないといけないというリアルな危機意識に端を発していることを忘れてしまっては、歴史が見えなくなります。

　しかし国民皆兵なんて、そう簡単にできるものではありません。どうすれば強い軍隊がつくれるのか。おそらくそこには、島薗先生の研究されている皇道や国体論が深く関係してくるのではないでしょうか。

**島薗**　重要な論点ですね。明治になって「天皇の軍隊」をつくる。天皇に絶対の忠誠を誓う軍隊というものが、身分制的な国防構想から、国民国家的な国防構想へ変わる過程でつくられていく。その途中では士族の反乱も起こりますが、なんとか「天皇の軍隊」をつくることに成功するわけです。そのときに、天皇崇敬という宗教性が利用されるのですね。

## ▼「王政復古」の理屈で近代的国軍をつくる荒業

**片山**　明治の初期では、結局、「天皇の軍隊」というかたちでしか、国民軍に相当するものをつくることができなかった。その意味では、日本の軍隊もやはり急造の軍隊だったわけです。

ヨーロッパの場合、フランス革命とナポレオンの大戦争以後、国民軍がつくられていきます。それまでは国家を守るのは国王や貴族であって、彼らは自分たちの財産を使って兵隊を雇って戦争をしていました。

しかし、そういう考えが時代遅れになります。フランス革命は自由・平等・友愛で、国民を横並びにして、軍事貴族や傭兵を認めない。従来の戦争のやり手を革命で潰したから、革命後の新世界を守るには自分たちで戦うしかない。国民軍というものが出てくる。共和国は国民みんなが共に和する無階級の国だから、軍隊もみんなでつくるのが当たり前だ。国民皆兵になって、そうやって生まれたにわかづくりの素人の軍隊を指揮しても勝てる軍事的天才であるナポレオンが登場し、国民の数だけ兵隊は要るのだという新しい世の中が実現してしまう。動員できる兵隊の数がそれまでと桁《けた》がいくつも違ってしまったから戦争の規模もとてつもなく大きくなる。それがナポレオン戦争です。

日本もそういう国民皆兵を急ごしらえでやらなければいけない。しかし明治すぐの時代に、「国民全員が日本を守らねばならない」なんて理屈は、民衆には通じません。明治維新は、国民的革命を起こして、国民みんなが、自分たちで新しい国をつくったという意識をもつようなできごととしては捉えられないので。昨日まで藩ごとで争っていたのが国民国家で国民軍と言われても、実感が持てるまでは二〇年も三〇年もかかりますよ。

でも、明治国家としてはそんなに待てない。ペリー来航からの国難意識は緊急性の高いもので、すべてを大慌てでやらないことには日本は西洋の植民地か属国にされてしまうだろうという危機意識で、急激に物事を運ぼうとしたのが明治維新です。

そこで国民軍に相当する軍隊を急造する理屈は何かと考えると、殿様や将軍に天皇を代置するしかない。「王政復古」で、臣民はみな天皇の軍隊となって国を守らねばならない。『万葉集』の防人の時代に戻るんだと。

この話なら、近代国家とは、国民国家とは、国民の権利と義務とは、といちいち教えてゆくよりも、とりあえずは維新前後の一般的日本人にはわかりやすいわけです。

つまり、明治維新は「文明開化」の理屈では軍隊をつくることはできなかった。「文明開化」の精神と知識を国民に浸透させ、国民に近代国家を構成する一員としての権利や義務の観念を植えつけて、「そうだ、自分の国を自分たちで守ろう」と自発的に行動するように国民を仕向ける時間は取れなかった。中からじっくり革命が起きてくるのとは違った。慌てて一部の人たちがやったことなのです。

それで近代的国軍を、「王政復古」の理屈を前に立ててつくるという荒業をやってしまった。

そのあと明治以降、日本社会も「文明開化」の成果で西洋近代化していって、近代国家の国民の意識というものも芽生えてきます。日清戦争くらいからあとはかなりそういう価値観が広く国民に解されるようになってくる。

本来はそれに合わせて、「天皇の軍隊」を「国民の軍隊」につくり替えたらよかったとも思うのですが、王政復古の理屈を立てて、天皇に忠誠を尽くす軍隊として一元的に凝り固まった理屈でつくってしまったあとですから、できたものを変えてゆくのは難しいのですね。そもそも改憲しないといけませんから。

そこで最後まで日本の陸海軍は、「王政復古」の価値観で押し通す。ニュートラルな近代国家らしい仕掛けよりも、古代的とも言える宗教的な仕掛けが先に立ってくる。その代表が、靖国《やすくに》神社ですよね。「死んだら靖国で会おう」という近代的軍隊というのはやはり並外れています。

## ▼戦前日本が靖国神社を必要とした理由

**島薗**　その宗教的な仕掛けが、数十年後に泥沼のような戦争に結びついてしまったのです。日中戦争を長引かせたのもそうでしょうし、日米開戦後はひたすら無理な戦争を続けた。そこには合理的な精神がひどく欠如していました。現実を合理的に判断して適切な軍事戦略を立てるのではなく、日本軍は精神的に強いから勝てるという精神主義の論理を最後まで押し通した。その淵源《えんげん》は、宗教的な仕掛けにあるわけです。

片山さんが言うように、「天皇の軍隊」をつくる宗教的な仕掛けの最たるものが、靖国神社ですね。靖国問題というと、中国や韓国との関係から、歴史認識やA級戦犯合祀をどうするかという問題として語られることが多い。その議論ももちろんだいじですが、同時に、靖国神社が戦前の日本人の精神にどのような影響を与えたかを考えなければなりません。

**片山**　なぜ日本は靖国神社を必要としたのか、という視点ですね。それがわからないことには、「天皇の軍隊」が続いた理由もわかりませんから。

**島薗**　まず読者のために、靖国神社ができるまでの基本的な歴史を整理しておきましょう。もともと靖国神社は、幕末の尊皇運動での「殉難志士」を弔うための招魂祭や楠木正成《くすのきまさしげ》を祀る楠公祭《なんこうさい》の運動から発展して形成されたものです。

招魂祭は天皇のために戦って死んだ者を神道式で慰霊するもので、一八六四年には下関に招魂場ができていた。やがて新政府が樹立されると、長州・薩摩《さつま》をはじめ各地に多くの招魂社・招魂場が建てられます。六九年には、九段に東京招魂社を設け、戊辰《ぼしん》戦争の死者を慰霊する大規模な招魂祭を行いました。

**片山**　招魂社も、その背景には水戸学の尊皇思想の影響が強くありますね。仏教ではなく、神道式で慰霊する。天皇のために命をかけた義士を神として祀る。ここに神道と儒教が入っています。だから戊辰戦争の際にも、祀られたのは官軍だけで、幕府側の死者は入っていない。

また、楠公社とも呼ばれる湊川《みなとがわ》神社の建設が靖国神社の源流にあることも、あまり知られていないことだと思います。楠木正成は維新の志士たちのスター的存在でした。そもそも、水戸学の創始者である徳川光圀が楠木正成を敬慕していた。そのことが一八七二年の楠木正成を祀る湊川神社の創建につながるわけです。

**島薗**　もともと湊川神社は、徳川光圀が楠木正成の「殉節地」である神戸市の湊川に墓碑を建立したことが発端になって、建てられたものですね。「殉節」というのは道義に殉ずる、つまり天皇のための戦いで大義に身を捧げたということでしょう。この楠木正成を祀ることが、さまざまな招魂社の源流のひとつになっていますから、水戸学の影響は非常に強い。

　話を戻すと、東京招魂社は政府軍の公的慰霊施設への歩みを進め、一八七二年には陸軍省、海軍省の共同所管の施設となります。七七年の西南戦争では六九七一人の戦死者が祀られることになりました。そしてこれを契機に東京招魂社の神社化が行われ、七九年、靖国神社と改称したわけです。

　靖国神社の地位は、対外戦争を経て格段に高まっていきます。日清戦争の戦没者は、約一万四〇〇〇人。一八九五年と九八年の合祀のための臨時大祭には、天皇が「親拝」しました。続く日露戦争の八万八〇〇〇人を超える戦没者に対しては、一九〇六年五月と〇七年五月の二度にわたって臨時大祭での「親拝」が行われ、陸軍海軍それぞれの参加部隊による凱旋《がいせん》観兵式、凱旋観艦式にも天皇の行幸がありました。

この観兵式、観艦式の日が、後に靖国神社の春秋の例大祭日となっていきます。戦死者の合祀は国家と天皇のためにいのちを捧《ささ》げた兵士に報いるための慰霊・招魂祭であり、御《ご》大葬《たいそう》（天皇の葬儀）や即位に続く大嘗祭《だいじょうさい》と並んで国家神道のもっとも厳粛な儀礼として位置づけられたのです。

## ▼「四民平等」な死を演出した靖国という装置

**片山**　一八七三年には、国民皆兵をめざす徴兵令が出されたことも重要ですね。武家の世であれば、戦って死ぬことは武士の仕事です。しかし明治になって、それまで農民だった人間を兵士にしなければならない。農民にとっては、なぜ自分が徴兵されなければいけないのか、納得できないわけです。

そのための宗教的な仕掛けが靖国神社であり、天皇のために外国と戦って死んだ人間は、平等に祀られることになった。その意味では、靖国神社は、「四民平等」時代に対応した慰霊施設としてつくられた側面も大きいように思います。

**島薗**　おっしゃるように、靖国神社が「四民」の死に関わったことは重い意味をもちます。

国家神道は、仏教やキリスト教や天理教のような救済宗教と異なり、個人の運命に関わって死後の救いを約束したり、苦悩する個々人の魂に訴えかけるというような実存的深みの次元はさほどもっていません。

第一章と第二章で国家神道と諸宗教の二重構造について述べましたが、そこには、救済や死後の生、あるいは苦悩からの解放といった実存的な問題は私的な領域に本領がある諸宗教に任せ、国家神道は公的な秩序の領域をつかさどるというような分業的な意味合いもありました。

ところが、若くして死んでいく兵士の運命に関わる靖国神社の場合は、実存的な苦悩や救いの次元が入り込まざるをえません。人々の心の奥深い部分をも揺り動かす力をもっているという点で、靖国神社は国家神道のなかで特別の重みをもつ施設となったわけです。

### ▼「軍人勅諭」の背景――天皇と軍隊の秩序

**片山**　「四民平等」的な軍隊を強化するという点では、一八八二年に明治天皇が陸海軍の軍人に下賜した「軍人勅諭」も同じような役割を果たしました。

明治の軍隊で核になるのはやはり武士です。しかし、武士というのはやっぱり士農工商の農工商に対して、士族という身分にこだわった。だからこそ、徴兵制に対しても不満をつのらせ、「四民平等」によって士族が冷遇されたことに対して士族反乱が起きるわけです。

**島薗**　たしかに一八七〇年代半ばから、佐賀の乱、神風連の乱、西南戦争など、相次いで士族が新政府に反乱を起こします。

**片山**　西南戦争のときには、すでに政府軍は徴兵制による軍隊をつくっていた。これがさきほどの靖国神社につながってくるわけです。

さて、暴力的な反乱が鎮圧されると、士族の怒りは自由民権運動というかたちで展開します。自由民権運動というと、デモクラシーの萌芽《ほうが》のように言われますし、たしかにそういう側面もあるのですが、事の起こりを見れば、薩長だけがいい思いをしていることに対して怒った士族たちが「自分たちも政治に参加させろ」という動機で動いていた面が強くありました。

そういう状況ですから、旧武士を生かしながら近代の軍隊をつくろうと思っても、なかなか統率がとれない。プライドの高い士族連中をどう手なずけるかということに苦心したのが、明治初期の軍隊でした。

**島薗**　おっしゃるように、徴兵制によってつくった軍隊の秩序をどう高めるかという課題は、明治初期から認識されていました。

一八七七年の西南戦争もそれに続く自由民権運動の高揚も、士族の不満から起きたものですから、軍隊の側から政治行動が起こってもおかしくない。そして実際に一八七八年八月に「竹橋事件」が起こったわけです。

竹橋事件とは、東京の竹橋内の近衛兵および東京鎮台予備砲隊兵卒ら二百数十名が、西南戦争後の処遇を不十分だとして上官を殺害し、兵器を携えて天皇に強訴するために赤坂皇居に向かったところを鎮圧されたという事件です。

この竹橋事件をきっかけとして、軍隊をいかに政治から切り離すかということが大きな問題になっていく。たとえば自由民権運動と軍隊が呼応したら、大変なことになる。そういう危機意識から、統帥権の独立や「軍人勅諭」の起草が行われていくのですね。

つまり、統帥権の独立も「軍人勅諭」も、もともとは武力的な反乱の防止や軍隊の非政治化を目的としていました。

**片山**　竹橋事件の場合も、軍隊の階級の上下よりも武士のときにどちらが高禄だったとか、「農工商出身の軍人の言うことを士族がきけるか」みたいな、そういう意識の軍人兵士がいるから、統率がとれなかったわけです。

## ▼天皇の言葉の神話化が日本軍の非合理性を招いた

**片山**　そこで、昔は侍だったとか、何石どりだったとか、農工商の身分であったとかに関係なく、上官になっているならその者の命令は下に対して絶対であって文句を言うなということで、「軍人勅諭」を出す。たしかに、「軍人勅諭」の精神を徹底していくことで、軍の秩序はできていったのですが、それがずっと残ることで、今度は窮屈で風通しのきわめて悪い前近代的でまったくフレキシブルでない軍隊づくりに貢献して、日本陸海軍の悪しき文化をつくり上げてしまうわけですね。

いっときの方便としてつくったものが、長く生き残って一人歩きして、なぜつくられたのかという事情もみんな忘れていって、天皇の言葉として一度発せられたものは絶対であると神話化されて君臨し続け、後世によからぬ作用を及ぼす。そういうよくあることの典型例のひとつが「軍人勅諭」なのでしょう。

近代的な軍隊というのは、合理性を追求していくものです。たとえばアメリカ軍は、第一次世界大戦でも第二次世界大戦でも、上官は兵隊に対して作戦の理由を、とくに命懸けになるとき、リスクの高いときは、説明する責任があるというかたちで、士官も育てられている。下士官も兵隊も尋ねたからといって怒られることはないのだというのが原則になっている。

一方、下からの意見具申も自然に行われるというか当たり前である。そのように軍隊の文化がつくられていっている。文明開化的な、近代的な、民主的な軍隊ということです。もちろん、だからといって、よりヒューマンな行動をとるとか、そんな次元とは一切関係ありませんけれども。それでもとにかく組織としては柔軟であるには違いない。

ところが日本の場合、上官の命令は絶対だから、参謀が作戦を立てたら、下士官や兵隊は「なぜこういう作戦をするんですか？」などという口答えはいっさい許されない。上官の命令は天皇の命令だから、命令どおりやればいい、となってしまう。つまり合理的な思考を奪うプログラムが、「軍人勅諭」には行き渡っているのですね。

**島薗**　「軍人勅諭」の中身を見ると、「我国の軍隊は、世々天皇の統率し給《たま》ふ所にぞある」という具合に、天皇が直接、軍隊を統御した古代の理想的状態を述べるところから始まります。

重要なのは「統帥権の独立」に関わるくだりです。たとえばこういう一節があります。

朕は汝等《なんじら》軍人の大元帥なるぞ。されば朕は汝等を股肱《ここう》と頼み、汝等は朕を頭首と仰きてぞ、其親は特に深かるべき。朕か国家を保護して、上天の恵に応じ祖宗の恩に報いまゐらする事を得るも得ざるも、汝等軍人か其職を尽すと尽さざるとに由《よ》るぞかし

「股肱」の「股」はもも、「肱」はひじのことで、要するに、軍人は天皇の身体だと言っている。そして自分が祖宗の恩に報いることができるかどうかは、軍人の働き振り次第だと語りかけていいます。

こういう具合に、「軍人勅諭」というのは、天皇が軍人・兵士ひとりひとりに直接語りかける文体になっているところに特徴があり、それが天皇と軍人・兵士の情緒的な一体性をかもし出しているのです。

ですから「軍人勅諭」には、一方では、上官には絶対服従というような規律が書かれているわけですが、他方では、それが、天皇と軍人の宗教的な一体感をつくるような文体で書かれている。それが合わさって、天皇のために命を投げうつことが絶対の善だという価値観が醸成され、やがて玉砕とか特攻とかにつながっていくわけです。

**片山**　おっしゃるとおりだと思います。「軍人勅諭」は、天皇から語りかける言葉として書かれているため、改めようがない。明治憲法の仕掛けもそうですけど、天皇が決めたことに口出しするのは畏れ多くてできないわけです。

ある意味、「軍人勅諭」なんて竹橋事件に対応するために明治初期に慌ててつくったものですが、それが日本の軍人精神の基盤として一九四五年まで機能してしまった。

時代がくだって、軍隊の規模も大きくなったら、軍隊のなかにも民主主義的な要素が必要になってきます。先述したアメリカ軍のように、いろんな意見を出し合ったり、上官が説明責任を果たしたり。軍人勅諭はそういう機運を全部奪ってしまった。「天皇の軍隊」で思考停止になり、その結果、組織の柔軟性がなくなってしまったわけです。

## ▼明治国家を神聖化した乃木《のぎ》将軍の殉死

**島薗**　ただ、日露戦争のときの日本軍は、第二次世界大戦のような精神主義一辺倒ではなかったとされています。たしかに兵隊は、捨て身の突撃で戦った。その点では世界を驚かせたわけですが、それは「天皇のために死ぬ」という理念先行の捨て身ではなかった。事実が先にあって、そういう軍隊こそ日本だという精神性は、日露戦争後につくられていったのではないでしょうか。

**片山**　私もそう思います。客観的に日露戦争の歴史を見れば、突撃させたくてそうしたわけではありません。弾があれば、遠くからもっと大砲を撃ちたかった。けれども、明治後半の日本の工業生産力や資金力では、ロシアの大軍、旅順の要塞を相手に撃ちまくれない。それでやむをえず、突撃に頼ったというのが本当のところです。

**島薗**　その点では、第三軍司令官として旅順要塞攻略を指揮した乃木希典《まれすけ》大将にも同情の余地がありますね。ロシアの要塞は堅固で、なかなか攻略できない。乃木はひたすら歩兵に突撃をかけさせ、多くの死者を出してしまいましたが、砲弾がなかったのだからやむをえない。

問題はむしろ、その後の乃木が伝説的存在になってしまったことにあります。一九一二年七月に明治天皇が亡くなると、大葬の日（九月三日）に妻とともに切腹して殉死した。これが大変な騒ぎになります。

当初の新聞の論調を見ると、かなり批判的なものもあったようです。そもそも殉死は江戸時代から禁止されているのだから、そういう文明的でないことをすべきではないと。だけど数日すると、これこそ武士道の粋であるという礼賛一色になる。論調が反転したのは民衆の支持があったからです。

文学方面でも、夏目漱石が『こころ』を書き、森鷗外は『興津弥五右衛門の遺書』を書く。どちらも乃木の死を重く受け止めて書かれた作品です。

それ以後、乃木は、教科書でも、「軍国美談」のダントツの教材として扱われ、一九四五年まで、日本最大の英雄になっていくんですね。

**片山**　そこにひとつの転換がありますね。明治の軍隊は、武士的なエートスを薄めることに苦心していましたが、明治維新から四五年ほど経ってほどよく薄まった頃合いに、武士道エートスを都合よく復活させたのでしょう。

冷静に見れば、明治という時代は見よう見まねで近代国家をつくっていたのですから、非常に不安定な時代でした。財政だっていつも苦しい。傷痍《しょうい》軍人に対する手当てをじゅうぶんに出せる経済的余力もない。膨大な戦費を外国からの借金でまかなって、このあとどうやって返せばいいのか、日露戦争が終わった後は、ほぼ破産状態になっていたわけですから。

そういう明治国家を、明治天皇崩御と乃木の殉死が神聖化した。その神秘的な空気に包まれて、国民はほとんど宗教的な情熱をもって、巨大な明治神宮を建てるために奉仕したり献木したりするわけです。

### ▼天皇の崩御と「集合的沸騰」

**島薗**　これは生前退位の問題ともつながってきますが、天皇が崩御して代がわりをすると、「死と再生」という宗教的な儀礼を一気に行うことになるので、非常に神聖な空気をつくり出すわけです。昭和天皇が亡くなった一九八九年も、日本社会はそういう異様な空気に包まれました。

**片山**　そうですね。一九八九年一月七日に崩御されるまで、連日、昭和天皇の容体についての報道が続き、イベントの自粛ムードがどんどん広がっていきました。崩御されると、テレビのCMを抜いたり、バラエティ番組や歌番組も放映しなかったり、とにかく日本中で厳粛にしなければいけないという空気になったことは今も大変生々しくかつ特別な歴史的記憶になっています。

**島薗**　明治天皇の場合、崩御後に明治神宮が創建されるぐらいですから、その厳粛なムードはさらに濃密だったはずです。そして乃木の殉死で、さらに神秘化に拍車がかかりました。

その意味で私は、一九一二年の日本社会を、社会学者エミール・デュルケームの言う「集合的沸騰」と形容したくなります。偶然ではありますが、デュルケームが「集合的沸騰」を論じた『宗教生活の原初形態』は一九一二年の発刊です。

彼はそのなかで、「集合的沸騰」を「ひとたび諸個人が集合すると、その接近から一種の電力が放たれ、これがただちに彼らを異常な激動の段階へ移すのである」（岩波文庫、一九四一年）と説明しています。

たとえば、加藤玄智という宗教学者がいました。加藤は浄土真宗の寺の出身ですが、東大で宗教学を学び、宗教進化論を日本に紹介するような仕事をしていた。その際には、神道はやや劣った宗教であり、文明の宗教になっていないという議論をしていたんです。

ところが乃木の殉死を契機に、彼は考えを変え、『神人乃木将軍』という書物を二ヵ月後には刊行し、乃木に見られるような精神こそ日本の神道の神髄であると唱えるようになるのですね。それは世界の進んだ宗教に匹敵するような日本の宗教精神の高みだと。そして明治聖徳記念学会という学会を創設しています。つまり、ひとりの宗教学者の価値観を更新させるぐらい、乃木の殉死というのは、社会に対する影響力が強いものでした。

このように見ると、乃木の殉死は、軍部と社会が一体化して、天皇崇敬を強めていくひとつの契機になったし、国家神道の歴史としても大きな展開があったように思えるのです。

**片山**　そうなった背景に、乃木将軍の日露戦争での行動がありますし、実際問題として、日露戦争後に、陸軍では精神教育のレベルアップを図るようになる。しかもそれを常備軍に対してだけでなく、予備役に対しても行うようになるのですね。

日露戦争では、常備軍だけでは当然足りないので予備役に大量動員をかけていったのですが、この予備役が弱かった。現役だった時代からそんなに時間がたっていないはずなのに、一般社会の気風に染まって突撃したがらないとか、戦意が旺盛《おうせい》じゃないとかで、予備役を召集してつくった部隊の弱さが際立っていたというのです。これは軍上層部にとって、非常な衝撃でした。

そこで、予備役の再教育を強化することになった。軍隊時代の技術や、それからなにより身についていたはずの精神、それらを忘れさせないように、定期的に講習会や訓練を開いていきます。まさに「集合的沸騰」と歩調を合わせるように、軍隊のほうも、精神教育を強化していくのです。

**島薗**　一九一〇年に発足した在郷軍人会がそのための組織ですね。予備役の再訓練とともに、傷痍軍人や軍人遺族のケアも目的にしている。

ただ、組織をつくってはみたものの、予備役の人がわざわざ会費を払ってメンバーになるかと言うと、そんなことはしない。そもそも戦争に徴兵される軍人は裕福ではないし、戦争に行ってるあいだに貧しくなってしまうわけです。

だから組織運営のための資金が必要になるのですが、それを国庫から出せないという問題も起きてくるのですね。

ここにお金という問題が絡んできます。ここまでは、「教育勅語」、「軍人勅諭」、靖国神社などを通じて、教育と軍隊が天皇崇敬の増強に果たした役割が大きかったことを論じました。

しかし、明治の民衆の大半は農民で、貧しい暮らしを送っていた。貧困を放置すれば、社会不安になりますから、なんらかの社会福祉的な政策が必要になる。そこに傷痍軍人や軍人遺族のケアも入ってくるわけです。

私は、この社会福祉という分野でも、天皇・皇室が深く関わり、それが天皇崇敬を養う重要なチャンネルになっていったと考えています。

**片山**　重要な論点だと思います。

貧困問題ということから、マルクス主義や無政府社会主義の運動も活発化しだす。それとどう戦うかというのが国家や在野の右翼的勢力にとっての思想課題にもなってきます。

それから、戦前の日本が、福祉というものにどう取り組んでいったのかは、福祉が弱体化していく現代日本にとっても歴史的興味を超えてくるアクチュアルな問題であって、他人事ではありません。章をあらためて、近代日本の社会福祉政策について議論させてください。

# 第四章　「仁政」と「慈恵」の福祉国家

## ▼「持たざる国」の福祉政策

**片山**　第一章で、明治維新には「王政復古」と「文明開化」という矛盾する二枚看板があったことを話しましたが、どちらも現実にめざすところという話になると、結局「富国強兵」に行き着きます。

当時の欧米列強にとって、武力は国を富ませる重要な手段でした。乱暴な言い方かもしれませんが、近代国家を支えるさまざまなインフラ、制度、思想は、「戦争に勝つため」「国家間の勢力均衡を維持するため」のものでもありました。たとえば、郵便、交通、標準語、教育、音楽など何から何まで、みんなある意味、効率的に国民に命を捧げさせるための仕掛けだったのです。

フランスの批評家ロジェ・カイヨワも書いていますけれど、郵便はラヴレターを送るためにあるのではない。税金の督促や徴兵の通知を送るために存在する。小学校から音楽の授業をするのも軍隊ラッパやマーチのリズムを聴き分けられるようになるため。体育の授業も将来の兵役に備えての身体訓練。標準語は全国から人間を集めても軍隊や工場で円滑な意思疎通をなしうるようにするため。みんなそんな話です。

そういった仕組みを標準とする近代世界に仲間入りしたい明治日本は、不平等条約を解消するために、また列強の植民地にされないようにして国家の独立を維持するために、いわゆる「富国強兵」に励みます。

そして、日清・日露戦争以降は、単に独立を保つだけという段階から世界の列強への仲間入りを果たすために頑張る段階でしょう。戦争で相手を打ち負かして賠償金を取り、植民地を増やし、属国をつくる。そうやって国富を拡大する。そこには国家に命を捧げる国民が不可欠であって、前章までは、そういう国民をつくり出す仕掛けの中心に天皇崇敬や国家神道があり、それらが教育や軍隊のなかに埋め込まれていたという議論を重ねてきました。

ただし前章の末尾で島薗先生がおっしゃるように、精神的な昂揚《こうよう》や国民としての一体感をもたらす宗教ナショナリズムのような仕掛けだけでうまくいくかというと、そうではない。戦争になれば、命を落とす兵士もいる。大きな怪我もする。手足がなくなるようなことも恐ろしいことですが当たり前のように起きる。江戸川乱歩の『芋虫《いもむし》』のような世界ですね。

しかも国民は兵隊になるだけではありません。「富国強兵」の源は経済発展であり、工場や事務所や鉱山などでも徹底的に働いてもらわねばならない。重税を取られもするでしょう。その結果、個々人が目に見えてみんな裕福になって幸せをつかめば万事OKなのですが、実際はなかなかそうもゆきません。労多くして報われず。そういう人が増えると社会的不満が蓄積します。宗教や教育の仕掛けだけで解消できることでもありません。先立つものはなんとやら。人生のうまく行かない人、酷《ひど》い目にあう人、はじかれた人、戦争や労働災害で傷ついた人、などなど。そういう人たちにもそれなりの分け前が回り、人生の安寧が保障されなければ国としてのまとまりは保てません。

そこで出てくるのが、社会保障政策や福祉国家という発想です。資源もなければ、資本の蓄積もない「持たざる国」だった日本は、どのようにその分野の問題を処理しようとしたのか。はたしてそれで国民の不満を解消できたのか。そんな議論をこの章でしていきたいと思います。

## ▼宗教的な救貧の基盤が弱い日本

島薗　まず社会保障という話の前提として言っておきたいのは、どこの国でも、貧民や弱者に対する手当てについて、宗教が果たす役割が非常に大きかったということですね。欧米では教会や修道院が、貧しい人々に手を差し伸べていた。イスラム圏でも人助けは重んじられる。

日本でも、お寺にそういう機能がありました。「山椒大夫《さんしょうだゆう》」物語の厨子王《ずしおう》は、お寺に逃げ込んで生き延びます。親のいない子供を預かるとか、医療を受けられない人の面倒を見るとか、救貧対策的なことをお寺はある程度やっていた。明治維新後もそういう働きはありました。でも、その対応は個別的なもので、キリスト教の教会のように組織的なものではありませんでした。

**片山**　西洋の先進国、とくにイギリスのように本当に先行して独走していた国、あるいはアメリカのような資源に恵まれた国では、近代化や工業化を自分のペースと言いますか、民間・社会・諸個人の力を軸に進められたところがありました。国家が慌てて介入するということではなく、社会活動、経済活動のなかで、必要な仕掛けが自生してきて調整機能を果たしたわけですね。そこではキリスト教の教会が大きな役割を果たしていた。

近代化・工業化は社会構造の変革を当然伴うわけで、村とか家族とかを壊して都会に人を流れ込ませるわけですね。そうしてなるたけ安く雇って、商工業に従事させて、その人口が増えれば増えるほど一般的には近代化が進むことになりますが、そこで雇用が追いつかないと失業者の群れが生まれて、犯罪が増え、治安が乱れ、煽動者《せんどうしゃ》も出現して、暴動を起こしかねない。マルクス主義や無政府主義もそこから実働部隊を得る。それを阻止するには手っ取り早くは次の雇用が生まれるまで、とにかくつなぐ。まずは誰かが炊き出しをするとか。そうやって綱渡りで応急処置をして手当てしていかないと、激動の近代世界はもちません。たちどころに壊れてしまう。

そういう貧困をはじめとする近代化に伴う諸問題に社会が対応し、そこに必要な、貧者を助けるといった価値観も社会的に形成されないといけないというときに、キリスト教の教会が機能した。そもそも救貧の考え方は教会には古くからありますね。教会のために税や労働を課す一方では信者は納得しないから、その見返りとして慈善事業が大切になる。教会の利益の信者への還元。そのノウハウの歴史的蓄積があったのでしょう。

**島薗**　明治や大正の社会事業史を見ると、キリスト教の指導者が多いのはたしかですね。留岡幸助や石井十次などが社会事業の先駆者として知られています。ノウハウとともに、財が多かったこともあるかもしれませんが。いずれにしても、日本では救貧の宗教的基盤が弱かったことは否定できないでしょう。

## ▼福祉国家のお手本は後発先進国のドイツ

**片山**　救貧や福祉という仕組みづくりが遅れていたのは、国家のレベルでも同じです。明治国家は、殖産興業は一生懸命やるけれど、福祉のためのリソースもノウハウも、あまり持っていませんでした。考えてもその余裕がない。「四民平等」とか「秩禄《ちつろく》処分」とかやることは大胆なのですが、そうやって武士などは生活の基盤を奪われるけれども、代わりの手当てが追いつかない。

一応、日本にとってはドイツというお手本の国はあったのです。近代的救貧対策ということでは産業革命の国、工場労働者の国であるイギリスが、ドイツよりも先にいろいろやっていたわけですが、ドイツとイギリスではやっていることがずいぶん違った。

イギリスは自由主義の国でもありますから、自助をものすごく強調する。国民一律に福祉という話にはなかなかなってこない。イギリスで貧困になる理由のアンケート調査をやると、一位になるのは怠惰だというのです。自助の精神が足りない。貧乏している者は人生態度に問題がある。あとは、酒のせいだということになる。これも個人の心根の問題です。自助が足りない、家族の配慮が足りない、そういう人を一時的にコミュニティや教会が助けて自立させてあげればいいと考える。

アメリカも似ていますね。人生に行きづまると、心根を改善しようとしたり、断酒の会に行く。アメリカの映画や演劇や小説ってそればっかりみたいな気さえするのですね。

しかし、そういう自助・共助はやはり社会に地力があるから成り立つ。社会に地力のつかないうちに無理やり背伸びして、急ピッチで国民を兵役や労働に駆り立てて近代化を達成しようとしている国では、教会に任せるとか、企業やコミュニティや家族に任せるとか呑気《のんき》なことを言っていては国が崩壊してしまう。そこで日本に近かったのはドイツというわけです。

世界で初めて国家権力が主体となって、労災とか健康保険とか年金、養老年金などの社会保険制度を張り巡らせた国はどこかというと、イギリスでもアメリカでも、はたまたフランスでもなくて、ドイツなんですね。

**島薗**　一九世紀後半、ビスマルク時代のドイツ帝国ですね。

**片山**　はい。ドイツは、イギリスやフランスのように世界にどんどん進出して植民地をつくって本国の富を増やして、国民も事業や商売をすればどんどん儲《もう》かるというわけにはいきませんでした。遅れて国家を統一して近代化を始めた。しかも皇帝専制でしょう。明治維新の日本とどうしても被《かぶ》るのですね。

だから日本の為政者や軍人にはドイツに親近感を持つ者がどうしても多かったし、そういう精神的風土がついには日独伊三国同盟までいくのでしょうが、それはともかく、イギリス、フランス、アメリカに比べてドイツ帝国では国富の蓄積が遅れているので、国民ががんばって働いても見返りには限界がある。

しかもドイツの場合、鉱工業を英仏に「追いつき追い越せ」であまりに急激に発展させたので、工場や鉱山の事故も多発し、労働災害の問題は極めて深刻でした。労働者はどんどん事故死し、大怪我をし、身体障害者になる。そのあと働けなくなる人も多い。一家の大黒柱が倒れ、イギリスのような貧者を社会が自主的に救済する仕掛けもドイツには不十分だとしたら、もうどうしようもないでしょう。

ドイツ帝国が陥っていたのはそんな状態でした。鉄血宰相ビスマルクも外国との戦争には強いが国内の労働者には弱いと言われた。不満や不安を持つ労働者階級は共産主義や社会主義に靡《なび》きます。ストライキが反乱や革命に拡大して、国家体制が転覆されかねない、帝政が倒れるかもしれない。そういう危機にドイツは直面していたわけです。

そこでドイツは、世界に先駆けて福祉国家への道を歩んだ。ビスマルクの内政は「アメとムチ」だったと言われますが、左翼に対する力ずくの弾圧がムチで、福祉政策がアメですね。保険制度や年金を充実させることで労働者の不満を解消しようとした。

ドイツで国民強制加入の疾病保険、つまり国民健康保険の制度ができたのは一八八三年です。明治で言うと一六年ですね。日本では、不平士族の最後の大反乱、西南戦争から六年後で、明治政府は自由民権運動に手を焼いていたころに当たります。

ではイギリスの疾病保険はどうだったかと言うと、強制加入になったのは一九一一年ですよ。アメリカにはずっとそんなものはなかった。この問題の解決をようやくはかったのがオバマ大統領でしたね。

それから労働災害保険の労働者強制加入制度はドイツでは一八八四年ですけれども、イギリスでは雇い主の責任で必ず加入させるように、となったのが一九〇六年で、加入を義務づけるとなると第二次世界大戦後です。アメリカだと一九三〇年代でしょう。

あと老齢年金ですけれども、ドイツだと労働者と一般職被用者が強制加入になるのが一八八九年です。イギリスで年金制度ができたのは一九〇八年で、アメリカは一九三〇年代ですね。

つまり健康保険も労災も老齢年金も国家の制度にして福祉国家の先陣を切ったのは、まぎれもなくドイツでした。突出して早かった。国民のためを思ってつくったには違いありませんが、単なる善意というわけではない。それだけ社会主義革命の危機が迫っていた。追い詰められての必死の企てだった。そう申してよいでしょう。

## ▼幻に終わった国営の損害保険

**島薗**　後発の近代国家ドイツよりもさらに遅れて近代化をめざした日本にとっては、この問題は他人事ではなかった。

**片山**　そうなのです。福祉や保険の重要性は、ドイツ人によって明治政府に伝えられました。

たとえば、大蔵省の「お雇い外国人」であったドイツ人のパウル・マイエットは一八七八年に横浜で講演して、その口述筆記が翻訳されて『日本家屋保険論』として出版されたのですが、そこで彼は日本の近代化がぶつかるであろう最大の問題を予測しました。自然災害です。

日本は地震や台風に見舞われる特別な国である。地震に伴っては火災も起きる。近代化と工業化をはかって大きな工場を建ててもたちまち壊れてしまう可能性がある。ヨーロッパだと主に戦争の心配をしていればいいのだが、日本の場合は自然災害で戦争級の破壊が起きてしまう。この手当てをしておかないと、巨大な投資をした建物が災害で壊れて、それで企業が潰れたり、膨大な失業者が生まれたりして、国は混乱に陥るだろう。そんな調子では災害大国日本の近代化は永遠に不可能である。下手にやればやるほど、国の傷は大きくなる。とまで言ってしまうとやや大げさですが、マイエットはそういう切り口から日本の難点を見事に指摘したのです。

マイエットの提言に耳を傾けたのは、当時の維新政府の参議、大隈《おおくま》重信でした。大隈は大蔵省に火災保険取調掛を設置して、「国家百年の計」の策定に当たらせました。そこで立案されたのが国民強制加入の損害保険です。地震や津波や洪水に備える国営の損害保険なくして日本国民は安んじて近代化に励むことはできないというわけです。

でも保険料を考えると現実的ではない。法案は葬られ、推進役の大隈も「明治一四年の政変」で失脚して、一種の「防災立国構想」は不発に終わったのです。

### ▼「国体護持」のために始まった民間生命保険

**片山**　一方、マイエットのようにドイツから日本に来たのではなく、日本からドイツに留学した者たちからも、ビスマルクの福祉国家づくりをじかに見聞して、日本の状況と重ね合わせ、国を憂うる士が出てきました。

その一人が数学者の藤沢利喜太郎です。幕臣の子供で、藩閥の支配する維新後に立身出世するには学問ということで今の東京大学で数学を学びます。師匠は菊池大麓《だいろく》です。日本における西洋近代数学の祖といってよい。藤沢はその愛弟子として、一八八三年にイギリス、次いでドイツに留学します。「アメとムチ」の時代のまっただ中ですね。ドイツで社会主義政党が伸長するさまを目の当たりにする。

ドイツも日本も「追いつき追い越せ」で急激な近代化をはかっているところはそっくりである。そのドイツでは近代化の歪《ゆが》みの補整に追われっぱなしで、ひとつ間違えれば帝政はもたないかもしれない。まったく同じことが日本で起きうるだろう。藤沢は明治憲法発布前にすでに、ドイツで社会主義革命による明治維新政府の倒壊の可能性に思いを寄せました。

これはものすごく早くて、日本にはまだ社会主義思想はあまり紹介されておらず、社会主義という訳語もまだ普及していなかった。その段階で藤沢は天皇中心の明治維新が、保険や福祉なくしては挫折して天皇制も覆されると心配したのです。

そんな危機感を抱いて帰国した藤沢は、東大の数学教官として理論数学はもちろんですが実用数学に力点を置いて研究を進めます。福祉国家には数学が重要なのです。保険料と保険金の最適計算ですね。これができないと福祉国家はデザインできない。

ところが明治憲法発布前後の日本の身の丈は藤沢の理想を受け入れるには小さすぎた。「遅れてきた近代国家」のドイツ帝国が高速の近代化による負荷に耐えて国家体制を護持するために、慌てて一八八〇年代に実現した一連の社会保険制度。それを真似る経済的余裕は「もっと遅れて近代をめざす国家」日本にはまるっきりなかった。国家にも国民にも国民皆保険制度を支えるだけの資力もコンセンサスもなかった。

そこで藤沢はとりあえず民間企業に期待することにしました。民間の保険会社です。現在も続く大手生保会社、日本生命の創立時に日本人の平均余命の統計資料にもとづいて死亡保険の適正な保険料と保険金の額を算出して提供したのは藤沢です。

国民強制加入の諸保険を積み重ねることで国家の安泰が保たれる。それが藤沢の理想で、民間の保険会社に頼るとなると英米的になって理想とはだいぶん違うのですが、しかし藤沢はそこにかなり積極的な意義を見出していたのです。

というのは、藤沢はドイツで皇帝打倒を叫んで社会主義者になる青年がどんな社会階層から生まれてくるかに興味を持ったようなのです。調べてみると、生まれたときから貧乏な子供は必ずしも国家に強い不満を抱かない。貧乏に慣れていて「世の中そんなものだろう」と最初から思っているから変革の志を抱くまでにはなかなか至らない。

では誰が革命を待望するかというと、幼いときにそれなりによい暮らしをしていたところから、急に家庭が没落して、つらい少年時代を送った青年であると。多感な時期にひどい経済的転落をあじわうとトラウマになって恨み辛《つら》みも募り、反逆的になるというのです。そういう若者が過激な社会主義者になりがちである。

家業が潰れる。家が破産する。勤め先の企業が倒産する。資本主義ですからどうしてもそうなるケースはそれなりに多い。子供が育ち盛りのときにお父さんが病気や事故で死ぬこともかなりある。医学の進歩もまだまだで、働き盛りで病気になって治らぬことも多い。工場が爆発するとか、労災も今よりもずっと多い。そうやってお父さんが死ぬことが社会主義者を生む大きな原因になる。それが藤沢がドイツで学んできたことです。

つまり、生命保険料を払えるくらいの収入があるのに生命保険に加入していなくて、そのまま大黒柱が亡くなると、その家から社会主義者が出て、日本なら天皇を脅かす存在になる。藤沢は民間会社によるそれなりに高額な生命保険も、この観点から「国体護持」に役立つと考えました。

それはともかく、当時の日本では「保険料の払える金持ちから保険に入れ」ということにするしかなかったのです。

## ▼天皇の「仁政」による「慈恵」

**島薗**　民間の生命保険は、それなりに収入のある層を対象にしているから、貧民や困窮者までカバーできません。片山さんが言うように、新政府もそこまでの余裕はない。

社会主義勢力の拡大を前に、福祉体制の整備が必要だという意識は高まっていたのに、国家そのものには、そんな財政的余裕がない。

そういう状況で、駆り出されたのが、天皇という「資源」です。

**片山**　天皇や皇族が社会福祉の旗を振ったということですね。

**島薗**　はい。現代人にとっても身近な例を挙げてみましょうか。東京慈恵会医科大学附属病院をご存じでしょう。

**片山**　虎の門にありますね。

**島薗**　この大学病院の起源をたどると、一八八一年に創立された成医会講習所と翌年できた有志共立東京病院で、高木兼寛《かねひろ》が創設者とされるのですが、この病院に「慈恵」という言葉が付与されたのは、美子《はるこ》皇后が関与しています。

**片山**　それは知りませんでした。

**島薗**　「慈恵」とは、天皇・皇室が慈愛の心で窮民を救済することですね。慈善を目的にしたこの病院に、皇后は一八八七年に二万円を下賜し、病院の総裁となり、規模を大きく拡張します。

明治天皇について多くの著作がある渡辺幾治郎は一九二五年に刊行された『皇室と社会問題』で、この病院への下賜を、「以て皇室の仁光を内外に揚げ、皇室の徳沢を民心に及さんこと」を意図したものだと述べています。

このときに、東京慈恵医院と改称し、それからも皇后と皇太后が毎年六〇〇〇円の下賜を継続しました。前身である有志共立東京病院創設時の総長も、有栖川宮威仁《ありすがわのみやたけひと》親王でしたが、明治中期に一段と皇室・皇族の関与を強めたわけです。

もうひとつ、身近な例を挙げましょう。日本赤十字社への支援です。日本赤十字社の前身である博愛社は、西南戦争の折に、敵味方の区別なく救護班を派遣する団体の設立を佐賀藩出身の佐野常民が願い出たものです。これを許可したのは、有栖川宮熾仁《たるひと》親王です。敵方も逆徒といえども天皇の臣民であるとし、宮内省は一〇〇〇円を下賜、皇后と英照皇太后が負傷士卒に女官とともにみずからガーゼをつくって下賜したといいます。その後、一八八七年に日本赤十字社に改称されますが、皇后は毎年三〇〇〇円を下賜するなど関与を続けていきます。

こうした皇室の行為の背景には、儒教的な「仁政」という理念が根強くあります。仁、つまり人徳や思いやりによって王が政治を行うというのが「仁政」です。その具体的な実践として東京慈恵医院や赤十字社への支援があった。とりあえずは皇后がそれを担うかたちをとったのです。

**片山**　日本の福祉の先駆けの部分でも、儒教的な思想の影響が大きかったのですね。

## ▼アメを配ることができなかった明治政府

**片山**　島薗先生の話を聞いて思い出したのは、明治憲法が発布されたときのエピソードです。民衆が「憲法の発布」を「絹布の法被《はっぴ》」と勘違いして、「天皇陛下が絹布の法被を国民にくださる」と喜んだという話ですが、天皇や皇室は何かをくれる尊い人たちだというイメージが、一八八〇年代末までにはすでにでき上がっていたのでしょうね。

**島薗**　明治後半は産業化が進んでいく時期ですね。大規模な工場での生産が可能になりましたが、同時に過酷《かこく》な労働環境が問題になっていく。一八九九年には、「毎日新聞」の記者である横山源之助が各地の労働事情を調査して『日本之下層社会』を刊行しました。これを読むと、当時の工場が、とんでもないブラック企業だったことがよくわかります。

**片山**　産業化にともなって、日清戦争（一八九四～一八九五年）の前後ぐらいから、資本家と労働者の階級対立が目に見えてきます。組合がつくられたり、待遇改善のためにストライキを起こしたり、労働運動が始まるのもこのころです。まさに藤沢利喜太郎の恐れていた事態がついに日本でも現実化するのですね。

以後、日露戦争を経て明治末期にかけて、藤沢の見聞きした一八八〇年代のドイツの状況に日本は似ていきます。工業が発達し、都市労働人口が急増するにしたがって、貧富の差が拡大する。ストライキが頻発し、失業者が路頭に迷う。社会主義や無政府主義を信奉する人たちも急増します。

それでも、急激な近代化を相変わらず自転車操業で推進している政府にはビスマルクのようにアメを配る余裕がない。アメをあげるよりもムチを打つことのほうが早い。一九〇〇年には、労働運動を取り締まる治安警察法が公布されます。

一方、アメにあたる国家的な保険は、郵便局の簡易生命保険が誕生する一九一六年まで待たなければなりませんでした。この簡保を構想し推進したのも藤沢利喜太郎なのです。藤沢本人が加入者第一号でもあります。

### ▼民を救う天皇というイメージの創造

**島薗**　そのあいだの穴を埋めたのもやはり天皇や皇后、皇室なんですね。のちの内務大臣後藤新平は、内務省の衛生局長になる一八九五年に、伊藤博文首相に複数の建白書を提出しました。これらの建白書には、貧困者や失業軍人の生活支援や療養施設の拡充が盛り込まれています。

後藤はこのなかで「慈恵」を活用しようと考えた。すなわち、日清戦争で得た賠償金の一割を皇室に納め、そのなかから「明治恤救《じゆつきゆう》基金」なるものを作り、恩賜として、国立施療病院や労工疾病保険法、地方救貧制度、軍族救護会といった「建設的社会制度」の創設に当てることを提案しているのです。

**片山**　賠償金をそのまま国庫に入れて、それを福祉制度の充実に使うのではなく、皇室に納めたうえで天皇の「慈恵」というかたちで下賜されるというのが、この話のポイントですね。非常に安あがりで、かつ効果が大きい。

**島薗**　後藤は、そもそも日清戦争の勝利は「皇威聖徳」のおかげであり、その償金を「仁政厚徳」の使途に用いるのは「至仁至徳なる聖旨」にかなっていると述べています。「慈恵の恩賜」で、貧民が医療を受けられるようになれば、忠君愛国の精神が強化される。そういう狙《ねら》いが後藤にはあったのでしょう。

**片山**　後藤新平もドイツに留学して、ドイツ帝国の福祉政策に強く影響されていましたよね。そう考えると、この提案の内容も腑《ふ》に落ちます。

**島薗**　ドイツ留学中にビスマルクの社会政策に感銘を受け、また、イギリスにもならって「救貧衛生院」をつくるというヴィジョンももっていました。そこに「慈恵」の活用というアイディアが加わったわけです。この提案が、そのまま実現することはなかったのですが、それ以降、貧困層を救済する必要性の認識は格段に高まっていき、施療施設の設置に向けた動きが加速していきました。

そういうなかで、明治末の一九一一年に、明治天皇は最後の勅語である「済生勅語」を発し、それと同時に恩賜財団済生会が誕生するのです。

**片山**　現在も、済生会病院は全国にたくさんあります。この済生会がもともと、明治天皇の勅語とともにつくられたんですね。

島薗　そうなのです。現在の済生会の正式名称は「社会福祉法人恩賜財団済生会」です。つまり、今でも天皇の恩賜で済生会はつくられたということになっているわけです。そういえば上野公園と上野動物園も正式名称に「恩賜」がついていますね。

「済生勅語」には、困窮した人々に無償で医薬を提供して命を救う「済生」の活動を広く展開していきたいと書かれています。「無告の窮民」を救う「済生の道を弘める」のが天皇ご自身の深い思し召しだというのです。そのために皇室のお金を出すので、具体的に事業を興すように、と。「済生」の語は『易経』や『書経』を典拠としたもので、「仁慈」「慈恵」に関わる古代中国の理念がもとになっています。

この勅語を受けて、総理大臣の桂太郎をはじめとした政府関係者や渋沢栄一、大倉喜八郎などの財界人が財団を設立して寄付を募るというかたちで、「施薬救療」に取り組んだのです。これもまた、民衆の天皇崇敬を強める大きなきっかけになったと思います。

『恩賜財団済生会七十年誌』という本が一九八二年に刊行されていますが、そこにも「歴代英主中の英主」である明治天皇が、「国民の安寧を思し召される深い叡慮《えいりよ》」から基金を下賜したのだと書かれています。ほんとうは役人や政治家が計画して政治的決定がなされたのですが、誰が決めたのかの責任はわからなくなっています。

**片山**　なるほど。そういった天皇や皇室の「慈恵」という文脈を知ると、崩御後の明治神宮創建に民衆が献身したリアリティもよくわかります。

**島薗**　やはり、いくら国体や皇道が大事だと民衆を教化していっても、困窮が続くだろうという予測のもとでは、忠誠心は起きない。「今は生活が苦しくとも、この困窮から救済してくれるのが天皇だ」という社会的なメッセージの創造が、明治の国民国家建設時には非常に重要な役割をはたしたと思います。

それと同じことが、軍隊に関しても言えると思います。

「天皇の軍隊」だというお題目だけでは、自分の命は捧げられない。死んだら靖国神社に神として祀られるという名誉に加えて、遺族には恩給が与えられる。そういう名誉とお金と引き換えがあって、なんとか「命を捧げる」という名目を確保できるのですね。

しかし、大正になって、さらに近代化や産業化が進み、人口が増えていくと、天皇・皇室の「慈恵」だけではカバーできなくなる。しかも社会主義運動もさかんになっていく。そうなると、国家が社会保険を整備していかないと、もう立ち行かなくなるわけです。

**片山**　まったくそのとおりで、先ほど申したように、一九一六年にようやく簡易生命保険が誕生します。低額で国民多数が加入しやすい生保ということですね。

## ▼関東大震災の教訓

片山　ただ、損害保険については、民間の保険会社はありましたが、公的な保険はなかなかつくれませんでした。日本は災害大国ですから、火災保険や水害保険をつくることをまじめに考えると、大地震や大津波で大被害ということも想定され保険金が膨大になって、それを払えるように保険料を国民から集めれば、とてつもない負担になって、現実的には無理があると。マイエットと大隈重信のころから進まないのですね。さすがの藤沢利喜太郎も、一八九〇年代から生保以上に損保の重要性を説きながら妙案が浮かばなかったようです。

そうやってなんとなく過ぎていっているうちに、ついに一九二三年、関東大震災が起きました。藤沢利喜太郎も焼け出されます。それに伴って大きな社会問題が発生しました。いわゆる「火災保険問題」です。

九月一日の本震直後、東京と横浜のあちこちで火が出、大火になりました。東京の市街地の六割、横浜のそれはほとんど焼けてしまいました。関東大震災による消失家屋四〇万戸のうち多くが焼失です。揺れよりも火事が関東大震災の被害を大きくしたのです。関東大震災は当初はよく「関東大震火災」とも呼ばれました。震火災から火の一字が略されて震災と呼ばれるようになったという言い方もできると思います。

それだけ大きな火事でしたから、震災復興の決め手は火災保険金になる。民間の火災保険に加入していた人々は、焼けた本社ビルや工場の大企業経営者から、お店の焼けた小商店主まで保険金が支払われると信じていました。

ところが、当時の民間の火災保険の約款の免責事項には、「地震による火災は免責」だときちんと入っていました。そのころの日本の損保の約款は、やや乱暴な言い方ですが、欧米の損保の約款を訳してつくったようなもので、日本ならではの損保の特殊性、マイエットの心配していたような災害大国としての特性があまり考慮されていなかった。欧米にはあまり地震がありませんから、欧米ではスルーできるような「地震による火災は免責」という一項が、日本ではそうはいかなかった。日本で火事の起きる大きな原因はやはり地震なのですから。そこを取り外して保険を売って、しかも「免責」という話はまさに小さく片隅に書いてあるだけで、保険会社は顧客にあまり周知させておらず、専門の弁護士でも認識していなかった者がいたというありさまでした。

かくして、損保業界とそれを監督する政府への加入者の怒りが爆発して「火災保険問題」が地震直後に惹起《じやつき》されたのです。震災の大火の原因が実は地震ではなく便乗して起きた放火であったなら保険金は支払われるだろうという民衆の願望が朝鮮人放火説を生み、それが流布したせいで朝鮮人虐殺事件が引き起こされたと、東京在住の朝鮮人有力者のなかには、そう推測して、政府に意見した人もあります。たしかにそんなデマを本当と信じたかった理由としては、火災保険問題もひとつあるだろうと思うのです。

帝都は完全な無政府状態と化していました。治安を預かる側は、騒乱が発生し革命にもなりかねないと思い詰めていた。

その傍証になるのが、戒厳令下の不法弾圧事件である大杉事件です。無政府主義者のリーダーである大杉栄は、九月一六日にさしたる具体的嫌疑もないまま、憲兵隊に殺されました。

**島薗**　混乱に乗じて大杉たちが革命を扇動するんじゃないかと恐れられたわけですか。

**片山**　そういうことです。

一方では、火災保険問題を意識した天皇の詔書も渙発《かんぱつ》されています。九月一二日ですね。「凡《およ》そ非常の秋《とき》に際しては非常の果断なかるべからず、若し夫《そ》れ平時の条規に膠柱《こうちゆう》して活用することを悟」らないときには「人心動揺して抵止する所を知らず」というのです。非常時には普段の常識を破れと述べているわけで、そこには「火災保険の約款にこだわるな」という含みがありますね。それを受けて山本権兵衛首相も、保険会社に犠牲的精神の発揮を求める内閣告諭を出します。

**島薗**　保険問題は国家存亡の危機だという認識があったと。

**片山**　まさに保険は国防であり、国家の安全保障問題なんですね。ところが政府は災害大国日本に相応《ふさわ》しい損保のデザインを業界に求めることを怠ってきた。そこで国民の怒りの矛先をかわそうと損保業界に約款を無視して保険金かそれに相当する何かを払えとさかんに圧力をかけた。

しかし、実は関東大震災で焼けた被保険者の建物家屋に対してもしも満額で保険金を支払うと、損保業界の総資産の約八倍の金額になる。業界が八回潰れないと支払えない。結局、保険会社が保険金の一割を見舞金として被災した被保険者に渡すことで落着しました。実際の支払い額はもっと少なかったのですが。

それでも、業界は保険金をまかなうために国から利子付きで借金し、返済が終わったのはなんと第二次世界大戦後でした。

## ▼国家総動員体制と保険

**片山**　この経験は政府にマイエットの提言を棚上げしてきた罰が当たったかのように感じられたわけです。次の大震災がいつ起こるやもしれない。同規模の大地震が起きれば、国家転覆の危機になることだってありうる。それを防止するためには、国営の火災保険、地震保険をつくったほうがいいのではないか。そんな議論もあり、政府では地震保険の試算をするけれども、まともに計算すると支払額は天文学的になって、先に進めない。

**島薗**　そう簡単に、国営の保険はつくれないわけですね。

**片山**　ええ。でも、そうも言っていられない非常時がついに訪れました。一九四一年の対米戦争の勃発です。

アメリカとギリギリの戦争を続けているさなかに、もしも第二次関東大震災が起きたらどうなるか。総力戦体制で国民に猛烈な負担をかけている。そこに大地震となっては、戦意は著しく損なわれ、戦争継続が不可能になるかもしれません。日本のような世界に冠たる地震国では地震のせいで敗戦することもありうる。

そこで一九四四年二月、当時の東条英機内閣は戦時特殊損害保険のひとつとして強制加入の地震保険をつくりました。その前には空襲や砲撃によって人畜家屋その他の財物の損害に対する空襲保険も設けていたのです。天皇や靖国神社で国民のやる気をつなぎ続けることはできない。実際的な手当てがなければ人心は離反してゆく。大日本帝国政府もそれはよくわかっていました。

さて、問題は現在の日本です。さらなる大地震が短中期的将来に起こるリスクがきわめて高くある。そのように地震学者は指摘しています。戦争のリスクもあるというのは、これは政府与党がよく示唆しているところでしょう。

地震も戦争も非常時。そんな「非常の時代」に際して、社会の安定を保ってゆくためにどのような備えが必要か。政府が国民を国家から離反させず国を保ちたいと本気で考えるなら、マイエットや藤沢利喜太郎の求めた高度福祉国家、高度防災国家が、今ほどまじめに考究されるべきときはないとも思うのですが、なぜかそうなっていないような。

国家主導で官営地震保険を推進した東条英機内閣くらい、この問題について本気になった内閣は戦後には存在しなかったかのようにも感じられるのです。

**島薗**　戦中の総力戦体制というものが、保険制度あるいは社会保障制度を大きく前進させた。そういう側面はたしかにありますね。一九三八年に国民健康保険法ができています。

国民皆保険が完成するのは一九六一年で、日本国憲法第二十五条の「一、すべて国民は、健康で文化的な最低限度の生活を営む権利を有する。二、国は、すべての生活部面について、社会福祉、社会保障及び公衆衛生の向上及び増進に努めなければならない」が関わりますが、その基礎は戦時中に整えられてきたのです。

**片山**　左派か右派か、どちらの立場をとろうが、そういう歴史的事実は事実として、見ておかなくてはいけないでしょう。

**島薗**　そう考えると、明治から第二次世界大戦までの日本は、国家の資源が少ないゆえに、天皇や皇室の神聖な力を借りて、福祉政策をスタートさせた。そして関東大震災などで手痛い目にあい、恐慌や戦争という不幸な契機によって、少しずつ福祉国家化を進めて、一九三〇年代には、医療や年金についても、それなりの制度が整えられた。もちろん、完成された福祉国家とは、到底言えないレベルでしたが。

## ▼社会福祉の「明治化」で分断される平成の国民

**島薗**　翻って現代はどうかというと、逆コースをたどっているように思うのです。

戦後復興ののち、一九五〇年代から七〇年代前半までは、福祉国家化を強力に推し進めました。健康保険や年金保険を拡充するだけでなく、児童手当、雇用保険、老人医療費支給など、さまざまな福祉制度が新たに設けられました。

しかし七〇年代後半になって高度経済成長が止まって以降、福祉や社会保障はどんどん削減されていきました。言ってみれば、社会福祉の明治化が進行しているように感じます。

**片山**　まったく同感です。福祉国家はお金がかかります。福祉国家を支えるには、それなりの税収が必要で、経済が右肩上がりに発展し続けないといけない。人口についても同じです。労働生産年齢の国民の数が増えて、高齢層の年金や医療・介護を支えなければならない。経済的にも人口的にも右肩上がりが想定されないと、質の高い福祉国家の継続発展は難しいのです。

さきほど、福祉国家として戦前日本が未熟だったから、つねに社会主義革命の恐怖に怯《おび》えていなければならなかったという話もありました。それで社会主義に対抗するために福祉を入れた修正資本主義でやってきた。ソビエト連邦が崩壊して、とりあえず社会主義モデルよりも資本主義のもとでの福祉国家のモデルのほうが延命した。しかし、その福祉国家のモデルが限界に突き当たっている。日本もそうなっています。

国が「面倒見ます」と言ってきたものの、面倒見の質を落としてゆくほうへと追い詰められている。面倒を見られなくなったらなるべく自助という話になります。国家が国民を見捨て始めると、同じ国に住んでいるから同じ国民だという意識も薄まってゆく道理になります。地域格差や階級格差がひび割れをつくってゆくのです。

行き着く果ては、たとえば道ごとに別会計の道州制みたいなものですね。国鉄が分割民営化されて採算の良いところと悪いところの格差が広がって現在に至っているように、同じ国民でも北海道と関東では公的サポートがまったく違ってしまうような国のありよう。もっと先に行くと、藩に戻るとか。そのくらい地域ごとの独立会計の世界が分立するみたいなこともありうるでしょう。分裂して、食えるところだけ食っていければいいじゃないか、みたいな。

## ▼「慈恵」への退化と近代国民国家の崩壊

**片山**　そこまで行ったら、今まで積み上げてきた近代国民国家のシステムはもう壊れます、やめます、ということになる。国民国家を壊したくない、そこまで行かせたくないとすると、どうするか。福祉国家の維持が厳しいなら、「慈恵」のような安上がりな連帯の仕掛けに回帰してしまうのではないでしょうか。

**島薗**　そう、その回帰こそが問題なのです。

**片山**　この安上がりな仕掛けは、平成に入ってからの我々国民も「乗りやすい」。経済成長は頭打ち。人口は減少。高齢化。我々も内面から白旗を掲げつつあるのではないですか。国の地力が落ちてきていると肌身に感ずるところがあるでしょう。国家に無理を言ってももうダメだろう。そんな諦《あきら》めも出てくる。

そうやって福祉から「慈恵」への「退化」のモードへ入ってゆく。すでにそうなってきている感じもします。

たとえば、各地でさまざまな災害が起きた際に、国家による金銭的な補償がじゅうぶんなのか、という議論が深まる前に、天皇の慰問などがニュースになって、そのあと何事もなかったかのようにまた日常が戻ってきてしまう。復旧とか復興とかがなおざりにされて、でもそれではいけないという世論も盛り上がらず、なんか適当なところで国民多数が考える回路を切ってしまっているような。

だって、現実に起きた、あるいは今後想定される地震や津波の規模に耐えられるようにしようとすると、関東大震災の被害を全部火災保険金で賄おうみたいな無茶な話になってしまうでしょう。

少子高齢化時代の高福祉もそういう次元の話になる。今までの国民国家、福祉国家のクオリティを保とうとすると、現実的な話ができなくなってしまう。それで「アベノミクス」で高度成長復活とか、「神風が吹いて日本が勝つ」みたいな話に化けてしまう。

そんななか、福祉も自助に押し返されてきている気がするのです。「貧しくなったのは自己責任」「国や社会に甘えるな」。貧困観もそういう一九世紀イギリス的なところに戻ってきている。そして女王や教会の慈悲に涙してなんとなく満足する。

日本も、リベラル派もふくめて、天皇の「慈恵」に頼る世界に帰りつつある。そんな雰囲気をひしひしと感じるのです。

では、どうするのかというと、「無い袖は振れない」。この決まり文句が出てくるわけですが、日本は今後、大きく成長できないにしても、これまでのストックはじゅうぶんなので、私は経済界などの声と違ったほうを向けば、袖はあると思うのです。

「慈恵」のモードに導かれる前に、再分配の仕方を考え直して「福祉」にふみとどまることをもっと考えられると思うのです。

## ▼明治と平成の聖徳論

島薗　鋭いご指摘ですね。もう一段、議論を深めるために、明治に話を戻したいのですが、明治天皇や美子皇后に対して、「慈恵」のほかに、「聖徳」ということがさかんに語られました。高貴な徳があるということですね。

佐藤一伯《かずのり》氏の『明治聖徳論の研究』（国書刊行会、二〇一〇年）によれば、明治天皇や美子皇后の「聖徳」に関する記述は、明治二〇年代ごろから広がり、明治天皇の崩御後、爆発的に広がったといいます。

おもしろいのは、明治天皇の「聖徳」についてはたくさん語られるし、「聖徳録」と題された出版物も刊行される一方で、大正天皇や昭和天皇に関しては、あまり「聖徳」という言葉が使われていないということです。明治天皇は「大帝」という呼び方が広まり、帝都の中心に明治神宮がどっかり鎮座していますからね。

ただ、今上天皇については、「聖徳」という言葉が結びつくような気がしているのです。現在の天皇と皇后は、災害でつらい目にあった被災者や戦争で無残な死を遂げた人に思いをかけて、日本各地や海外を訪れています。これは「慈恵」や「聖徳」という側面があるわけです。こういう活動は、大正天皇、昭和天皇はあまりできなかったんですね。国民も、今上天皇や皇后の姿に大いに感銘を受けている。私自身も、おふたりの献身的な活動には心を動かされるものがあります。

ただその一方で、片山さんも指摘するように、今の時代は福祉国家が解体しつつある。それと歩調を合わせるように、天皇と皇后の行動が目立ってきているようにも思えます。この関係をどう考えたらいいのかは難しい問題です。

**片山** 大正天皇、昭和天皇の時代になると、社会福祉も国家によって制度化されていきますから、特定の人格と結びつきづらくなります。天皇の「聖徳」が表立っていわれないのは、制度が安定して作動していることを意味しているのでしょうね。

そしておっしゃるように、福祉国家が解体しつつある現在、今上天皇の存在感はたしかに高まっています。そこで考えなければならないのは、明治の民衆は、具体的にどんなことを「慈恵」や「聖徳」と感じていたのだろうかということです。

**島薗** なるほど。

**片山** 私は「朝日新聞」（二〇一六年八月二四日付）の文芸時評欄で、朝井まかてさんの『落陽』（祥伝社、二〇一六年）という小説を取り上げたことがあります。「献木十万本、勤労奉仕のべ十一万人」という明治神宮の森は、大正時代にこつこつと造林された。この小説では、いったい何がそこまで当時の日本人を駆り立てたのかということを、主人公の新聞記者が探求するのです。

そうして主人公はひとつの仮説にたどりつきます。明治天皇の徳や恩を支えていたのは、天皇は現人神という建前論より、もっと生々しい行為、国見ではないか、と。

**島薗**　国見というのは、古代の天皇が人々の生活状況を山上から見ることですね。明治だとそれは行幸や行啓にあたる。

**片山**　はい。小説を離れれば、我々が議論してきた「慈恵」のような行為も入ってくるでしょう。

いずれにせよ天皇が具体的に目に見えるかたちで国民統合に心を砕いているのだと、その行いを積極的に見せてゆくということですね。

国見とは天皇が国を見るのですが、国民に天皇が国を見ていることを見せることに意味があるのではないですか。行幸や行啓とはそういうものです。水戸黄門のようなお忍びでは意味がない。姿を見せたり、「絹布の法被」ではありませんが何かを配る「慈恵」も大事である。いずれにせよ可視化ですね。目に見えるかたちやもので具体的に行う。現人神として皇居の奥深くで儀式をするだけでは、恩や徳とは結びつかないはずです。

今上天皇が人々に感じさせるような徳も、そういったものかもしれません。苦しんでいる人のもとに通って、国民と同じ目線で語りかける。それが戦後民主主義の象徴天皇の役目であり、その職務が遂行できなくなったら、象徴たりえない。だから「生前退位」という「お気持ち」をもつわけです。

もちろん、それは近代国家あるいは福祉国家のシステムとして見れば、不安定さを示す兆候かもしれない。金銭や物品では至らない分をパフォーマンスで補い、取り繕う。そんな道具として国家に天皇が利用されているのだという穿《うが》った見方すらできないことはないでしょう。

それでも現人神のような神格化によって人心を束ねるよりは、はるかに近代的だと思います。「上から目線」ではない。対等の人と人の信義。そんな次元にまで天皇が下りてきて、「人間天皇」、「人間宣言」以降の戦後民主主義的天皇像を演じておられる。

要するに、福祉から「慈恵」に近代国民国家が「退化」してゆく状況と、今上天皇が戦後民主主義らしい人間天皇として被災地で苦しむ国民の前にいらっしゃることの平仄《ひょうそく》が、これは天皇のお気持ちとは関係ない次元で、妙に合ってしまっている気がするのです。

**島薗**　おっしゃることはよくわかります。明治天皇の「慈恵」や「聖徳」には、神権的な意味合いと同時に、現在の人権に結びつくような配慮の両方が混在していました。

今上天皇は、そのうちの神権的なものを解除し、人権を大事にする方向を象徴天皇の職務だと考えているように私も感じています。

しかし、それを踏まえても、福祉国家の解体という課題は残ってしまいます。

**片山**　象徴天皇の職務がまっとうされても、なお福祉国家や民主主義の危機は課題として残るというのは、まったくそのとおりと思います。

では、どうすればいいか。その反面教師が、大正デモクラシーから泥沼の戦争に至る時代ではないでしょうか。章をあらためて、この時代をじっくり考察した後、あらためて戦後民主主義を守る術《すべ》について議論いたしましょう。

# 第五章　大正デモクラシーと未完のファシズム

## ▼第一次世界大戦の戦勝国はデモクラシー

島薗　大正時代というのは、わずか一五年間ですが、そのなかに現代的な課題がぎっしり詰まっているように感じます。

日露戦争に勝って、「富国強兵」はある程度達成できたと言っていいでしょう。不平等条約の改正にも成功し、明治末期の一九一一年には関税自主権が回復しました。憲法もつくり、法体系も整備して、産業化も進めてきた。明治の四五年をかけて、なんとか近代国家の体裁を整えることができるようになったわけです。

大正時代は一方では、そんな近代化のピークとして語られます。大正デモクラシーという言葉があるように、この時代に国民の人権意識や政治参加が肯定されるようになっていきました。

しかし他方で、大正が終わるとすぐに、全体主義の時代に突入してしまう。この間の社会や思想の変化というのは、民主主義の危機を迎えている現代日本にとっても大きな示唆があるはずです。

いったいなぜ、大正デモクラシーが昭和全体主義に変異したのか。片山さんはどのようにお考えですか。

**片山**　それだけで一冊になるような大きな問いなので、少しずつ整理していきたいと思うのですが、まず、大正デモクラシーをどう理解するかという点が重要です。

大正デモクラシーの時期は教科書的に言うと、自由主義や民主主義の風潮が高まっていった時代とされています。島薗先生が説明してくださったように、政治的には護憲運動や普通選挙法が実現していく。社会運動や労働運動も高まっていく。そういう意味で、戦後民主主義の先駆になる時代だったと位置づけられることが多いわけですね。

でも、大正デモクラシーには忘れられがちなもうひとつの側面がある。それは第一次世界大戦で勝利した主要国がデモクラシーの国だったということです。

**島薗**　イギリス、フランス、アメリカですね。逆に専制的なドイツやオーストリア、トルコは負けたし、ロシアでは革命が起きて途中で退場してしまった。

**片山**　ではなぜ、デモクラシーの国家が戦争に勝ったのか。それは、第一次世界大戦が民衆を動員した総力戦の戦争になったからです。

フランス、イギリス、アメリカは、民主主義的選挙によってつくられている政府が戦争をすることを選択した。アメリカの大統領も、フランスやイギリスの首相も、議会の与党も選挙で国民の信任を得て、その地位に就いている。つまり国民の総意として戦争をしていることになる。

ところがドイツもオーストリアもオスマン帝国もロシアも帝政でした。皇帝の名において国民を動員する。戦争は上から頭ごなしに力ずくで行われた恰好《かっこう》になる。

最初はどこの国もすぐ終わるつもりで戦争を始めたのです。ところが国力が伯仲して兵器の性能も上がって、お互いがお互いの前線を突破できず、戦線は膠着《こうちゃく》し、人命も物資も消耗に次ぐ消耗を重ねて長期総力戦になってしまった。軍隊だけでなく銃後の国民に大変なストレスがかかり続けて何年も終わらない。

となると、国民は不満を持つわけです。戦争指導が悪いのではないか。外交がだめなのではないか。政治が悪いのではないか。そうなると非民主的な国では皇帝や指導者に国民の怒りが一方的に向く。革命になる。

レーニンはこの怒りを巧みに利用してロシア革命を成功させました。ロシアはボリシェヴィキが政権をとって戦争から離脱しました。ドイツもオーストリアもオスマン帝国も帝政の崩壊に向かいました。

第一次世界大戦の敗戦国や戦争からの離脱国は戦争で負けたわけではない。ペテルブルクやモスクワやウィーンやベルリンに敵が来たのではない。内部崩壊です。国民が言うことをきかなくなったのです。「皇帝のため」という旗印では国民総動員を続けることができなかった。

ところが、イギリスとフランスとアメリカでは不満を持ったとしてもやり場がない。だってデモクラシーですから。戦争を選択しているのはわれわれ国民だという理屈がまず根幹です。

どちらの国民が長持ちしたかと言うと、帝政よりもデモクラシーだった。デモクラシーだったら戦い続けるというわけではないですが、少なくとも国民のやる気は帝政よりもデモクラシーのほうが衰えずに長持ちした。だから戦争に勝てたんだという話になるわけです。

民主主義の国では国民自身が戦争することを選択する。もっと豊かになりたい。自由な社会を守りたい。悪を倒したい。動機はいろいろあるでしょうが、国民全員の責任で、国民全員が戦うことを選び取る。

だから戦線が膠着しても、簡単にやめられないし、誰かの責任にはできない。ゆえに勝てた。そういう第一次世界大戦の結果を受けて、デモクラシーのほうが戦争向きである、国家総動員向きであるという議論も一方にあるのですね。

**島薗**　総力戦体制のために、デモクラシーが不可欠だという主張ですね。

**片山**　はい。そういう点からすると、日本は総力戦体制後進国でした。日本は第一次世界大戦の戦勝国の側でしたが、ヨーロッパの国々のように本気で総力戦をやったわけではない。天皇の国だから、負けた国々に政治体制としては近いことになる。

## ▼大正デモクラシーの陰で進んだ精神教育

**片山**　少し別の次元の話ですが、日本の陸海軍としては、第一次世界大戦に輪を掛けたものになるだろう次の大戦争に備えるために、もっと強い軍隊をつくらなければならないのに、社会の変化が少なくとも陸軍の伝統的な思考からすると、好ましくない方向に向かっていた。

**島薗**　どういうことでしょうか。

**片山**　日本の陸軍には理想の兵隊は農村から供給されるという信仰がありました。日本陸軍は明治維新後の建軍当時から、国防予算も不十分だし、装備は西洋列強に比べると貧弱で、それでも西洋列強を仮想敵国にしているわけですから、どうしても兵隊のやる気に頼るという発想になる。

そこで日本の農民なのです。武士ではありません。プライドが高い少数精鋭では困る。大勢いて、農村共同体で和を重んじ、目上に従順な気風を持ち、家父長的なリーダーシップによく従う。そしてなにより粘り強い。こういう人間によって予算や装備の不足を補うのが日本陸軍の歩兵であり海軍の水兵というものです。

ところが近代化にしたがって、第一次産業から第二次産業へと労働人口は移転してゆく。都市に出てくると、個人主義や自由主義の空気を吸って、すれてくる。言うことを聞かなかったり、戦わないですむように隠れたりする。総力戦体制で戦う時代になっているのに、社会ではむしろ戦力減になる人口が増えている。そういう構造的な矛盾を解決できるのかできないのかが、第一次世界大戦以降の時代の焦点になっていきました。

**島薗**　たしかに個人主義、自由主義的な空気というのは、日露戦争以後ぐらいから段々と広がっていきますね。学習院の同窓生が『白樺』を始めるのが一九一〇年、松井須磨子がイプセンの『人形の家』のノラを演じるのが一九一一年です。「自由な個人」の生き方が広がっていけば、民衆が従順ではなくなってくるかもしれない。

それは政府も認識していて、たとえば一九〇八年に戊申《ぼしん》詔書が発布されました。これは、天皇の名のもとに、日露戦争勝利で浮ついた国民の傾向を糺《ただ》し、勤勉貯蓄や家族主義を強く求める内容になっています。

同じ年に、軍隊での日常生活の規則を定めた「軍隊内務書」が全面的に改訂されます。精神主義や家族主義が色濃くなり、自己犠牲的な精神を発揮して動けるような人間をつくろうとしている姿勢がうかがえます。

それとほぼ同時に、内務省が地方改良運動を推進し、農業振興や自治体の財政再建を図っていきました。第三章で触れた在郷軍人会が設立されるのも、ほぼ同時期の一九一〇年です。この年は大逆事件が起きた年でもあります。

こうして見ていくと、明治の終盤あたりから、兵隊の供給源である地方にテコ入れするとともに、軍部の規律を厳格化していく傾向が急に高まっていますね。逆に言えば、それだけ危機感があったということでもありますが。

**片山**　そのとおりです。軍隊から見ると、理想と現実のギャップがどんどん開いていってしまった。

第一次世界大戦後はすぐに戦後不況になります。都市では、今で言う非正規雇用のような臨時工的な労働者が増えていきます。使い捨てのように働かされるのですから、忠誠心なんか生まれようがありません。資本主義の非情なメカニズムを怨《うら》んで社会主義に靡く民衆も増えます。

そういう人々を構造的にたくさん生み出しながら、軍隊では忠節を尽くす人間が求められる。このギャップを埋めるために、過重な精神教育を実施していくのですね。

## ▼「天皇機関説」がなぜ主流派になったのか

**片山**　しかし先に触れたとおりで、社会全体としては「総力戦体制のためにはデモクラシーが重要だ」という認識が高まっていきました。と同時に、明治憲法体制によってわざとタテ割りにされた政治システムを有機的に連結する役目を果たしていた元老たちが、大正時代に亡くなっていきます。長州最後の元老、山県有朋が逝ったのは一九二二（大正一一）年。薩摩最後の元老、松方正義が世を去ったのは一九二四年。

タテ割りの政治機構をヨコ糸で束ねる元老政治がきちんと機能したのは、せいぜい明治のうちでした。

**島薗**　大正には、元老政治に代わる仕掛けが必要になったのですね。それがデモクラシー的な仕掛けになったわけですか。

片山　そう思います。明治末年の一九一二年には、憲法学者の美濃部達吉が、いわゆる「天皇機関説」を積極的に唱え始めました。吉野作造が民本主義を本格的に提唱したのも一九一六年です。

「天皇機関説」も民本主義も、どちらもデモクラシーに結びつくものですが、それはつまり明治のタテ割りシステムを、元老に頼らずに束ねるための新しい思想にもなるものだったでしょう。

これからの世の中に、戦争は限られたプロの軍人のするものとか、そういう思想は通用しない。なにしろ総力戦ですから、軍隊はこれまで以上に「国民の軍隊」でなくてはいけない。長期戦争では政治や外交も重要になる。国家機構はヨコに密接につながらなければならない。軍艦や戦車や大砲や弾丸をどれだけつくれるか、戦意旺盛《おうせい》な兵隊をどれだけ前線に送り込めるか、熟練した労働者をどれだけ動員できるかも鍵を握る。工業力や労働力や科学力、あるいは教育の全部が絡むわけです。そこに民本主義の思想が必要になってくる。

デモクラシーを推進し、多くの国民が政治に参加して自分も国家の担い手だと発奮するようにすれば、第一次世界大戦のアメリカやイギリスやフランスのモデルに近づいていけるわけです。

するとデモクラシーと天皇が両立するか。両立すると考えたのが美濃部達吉ですね。

「天皇機関説」の思想のポイントです。

天皇は特別な存在としつつも、あくまで憲法の定めた国家のひとつの機関と位置づける。憲法を超越した神秘的で超自然的な神とは違うと言う。もちろん憲法上に規定された国家の一機関、ひとつの歯車としての天皇といっても、明治憲法では、その天皇は最上位の巨大な歯車としてかなり専制的に振る舞えると解釈して悪いことはない。

けれども、美濃部の考える天皇という機関は「君臨すれども統治せず」の立憲君主のイメージに引きつけられる。国の意思は天皇個人がつくるとは考えない。天皇を世俗的でニュートラルな方向で解釈しようとする。

では誰が国の意思をつくるのか。明治までは元老だったかもしれない。でも明治維新から数十年。維新に功績のあった元老はいなくなってゆく。そもそも憲法に元老の規定はない。憲法学者からすればいないも同然です。天皇は神秘のヴェールをはぎとられ、超法規的な仕掛けも外されて、明澄になってくる。しかも天皇は立憲君主であってみずからの政治意思を積極的に示すものではない。

天皇の周囲にオープン・スペースが大きくできてくるわけですね。

**島薗**　その動きやすくなった部分に、デモクラシーを入れましょうということですね。

**片山**　そうです。具体的には国民の代表としての政党が政権を担う政党内閣をつくる。代表である正統性を強化するために、選挙の制限を緩和し、選挙権を持つ国民を増やす。普通選挙をめざしていく。

**島薗**　たしかに、第一章で議論した明治の欠陥を補修するような工夫は見られます。だからこそ、「天皇機関説」が学界のみならず、政界や宮中でも主流派となったのですね。つまりタテ割りも解消できるし、天皇中心の国体も護持できる。しかも、国民の積極的政治参加という時代の要請にも応えられる。一石三鳥の効果を狙えます。

## ▼世界大恐慌の余波で挫折した政党政治

**片山**　ところがそうは問屋が卸さなかったのです。政党政治はすぐに挫折します。一九一八（大正七）年に、衆議院で第一党の勢力を誇る政党、政友会の総裁、原敬《たかし》が内閣を組織し、たしかに政党内閣の時代は始まりました。政友会と憲政会の二大政党制も実現しました。そして当初は、それぞれの党の主張の違いも明確でした。

政友会は産業立国の旗を掲げ、公共事業に積極的で、国債も遠慮なく発行して財政規模を膨らませました。外交では強硬路線が売りです。対する憲政会の後身の民政党は緊縮財政の旗を掲げ、民間にできることは民間にという路線。公共事業を仕分けし、国債総額を減らし、外交では中国を刺激せず英米とは協調路線を唱えました。

ところが違いは徐々に薄れていってしまった。一九二九年、つまり昭和四年の世界大恐慌後は、政友会も民政党もほとんど打つ手が近似します。危機の時代に入ってお金もなくなってくる。選択肢が限られて、やれる幅が狭くなる。時代の激動もなかなか読み切れない。それでも選挙で勝たなくてはいけないから、政友会も民政党も党利党略に走って、選挙戦で相手をたたきにたたき、自分たちが勝てば相手とはまったく違ったことができると誇大広告する。デモクラシーで普通選挙ですから、政治というのはどうしてもそういう方向に流れます。

ところが実際には世界的危機を容易に解決できるはずもない。選挙のときと実際とが違いすぎるではないか。スローガンやマニフェストと現実が異なりすぎるではないか。政党政治が国民の不信を招いていく。普通選挙になってからすぐ世界大恐慌ですから、タイミングが悪すぎたとも言えます。

島薗　その後に、昭和維新と言われるようなテロや暗殺が続出していきますね。民政党の浜口雄幸や井上準之助、政友会の犬養毅らが、右翼や軍人のテロの標的になりました。政党内閣時代が幕を閉じたのは一九三二年でしたっけ？

片山　はい。

島薗　当時、政治家や財界の大物が暗殺されても、民衆は実行者に同情的でした。その背景には、地方や農村を軽視し、都市ブルジョワの顔色を見るような政治があったんじゃないでしょうか。はやくも第一次世界大戦末期に、米騒動が起きているぐらいですから。

## ▼農村軽視の帰結が昭和維新テロ

片山　まさに、農村軽視が政党政治のアキレスの踵《かかと》となりました。とりわけ米騒動の影響は、多くの人が思っている以上に大きいですね。考えようによっては、米騒動から一九三六年の二・二六事件までは一直線につながっていると言っても過言ではありません。

一九一八年の米騒動の直接の発端は、ロシア革命に干渉するために行った日本軍のシベリア出兵です。軍用米が必要になることを見越して、商社の買い占めが起きて、米価が暴騰しました。

**島薗**　それに怒った庶民がデモをしたり、商店を襲ったりした。これは富山の魚津などあちこちから火がつき、全国に拡大していきましたね。

**片山**　皮肉なものです。ロシア革命に干渉するつもりのシベリア出兵が米価を煽《あお》り、革命の輸入を促進してしまったわけですから。

騒乱はすさまじいものでした。東京、名古屋、大阪では打ち壊しや警官隊との衝突にまで発展しましたが、とりわけ植民地米買い占めを主導したと思われた鈴木商店の本拠である神戸は大騒乱です。鈴木商店の建物は群衆に襲われ、焼き討ちにあう始末です。

**島薗**　戒厳令が出てもおかしくないような騒動ですね。

**片山**　暴動参加者は七〇万人と言われていますから、政府も国が壊れる恐怖を感じたにちがいありません。同じ愚をくりかえすまいと、それ以後、米の増産は国策になりました。

しかし、主たる増産地として期待されたのは朝鮮半島でした。朝鮮の気候風土が米づくりに適していて、朝鮮北部では本土の東北地方で栽培している米の品種がよく育って本土好みのおいしいお米がよくできたという事情もありますが、それだけではありません。一九一九年に朝鮮では大規模な独立運動が起き、朝鮮経営に黄信号が灯《とも》ったのです。

島薗　三・一独立運動ですね。ちょうど第一次世界大戦後ですから、民族自決という国際世論が高まっていった時期です。その影響も大きかったでしょうし、日本の朝鮮統治も強圧的でした。

片山　ええ。このときは、軍隊や警察を動員して鎮圧しました。でも、力による統治は行き詰まった。そこで農業振興策を取り、朝鮮での農地開発に補助金をたっぷり出しました。その政策に強くコミットしたのが、政治家の浜口雄幸や財政家の井上準之助です。

その結果、日本の大企業が資本を投じ、昭和初期、結果は如実にあらわれ始めた。朝鮮から日本への米の供給も増加した。

でも米が余れば値段は下がります。その皺寄《しわよ》せは、内地の農民と地主に集中しました。そこに一九二九年の世界大恐慌が起こり、米も生糸も大暴落して、農村は壊滅的な状態になります。にもかかわらず、政治は有効な手立てを講じられない。それからテロや暗殺が相次いで起こっていくのです。

島薗　なるほど、そう見ると、米騒動から昭和ファシズムは一直線だということがよくわかります。政府は地方を見殺しにした。少なくとも国民はそう受け取ったということですね。これは現代日本にとっても、他人事ではありません。

**片山**　二・二六事件を起こした青年将校たちは、農村の荒廃が軍の弱体化を起こしていると考え、クーデターによる世直しを策した。そこには都市ブルジョワ層を優遇する資本主義社会への怨念が当然あった。世界大恐慌以後になると、資本主義や自由経済は悪と捉えられていったのですね。

### ▼民衆が国家神道に熱狂した大正時代

**島薗**　問題は、超国家主義という語でくくられるようなテロリストたちに民衆が喝采を送ったことです。

明治時代の後半、つまり一八九〇年から一九一〇年あたりに、国家神道を普及させるさまざまな制度やシステムが確立していきます。第一章でも説明したように「教育勅語」をたたきこまれ、国体論を内面化した世代が大人になっていく。そうなると、国家神道は国民自身が担い手となる「下からの」運動という性格を帯びていくのです。

日露戦争後の地方改良運動で「神社中心主義」が唱えられ、神社が地域社会の統合・活性化において大きな役割を果たすことが期待されました。それに応じて若手の神職らが天皇崇敬と神社活性化と地域振興を結びつけたさまざまな活動を展開していく。

また、明治神宮の創建の時期には、青年団や修養団といった若者を動員できる団体が伸びていきました。明治神宮の鎮座祭が一九二〇年、天照大神と明治天皇を祭神とする朝鮮神社の鎮座祭が一九二五年、四大節のひとつとして明治節が祝われるようになるのが一九二七年です。天皇崇敬につながる修養団体は共生会、希望社などますます増えていきます。

**片山**　その頃、政治の世界では何が起こっていたのかと言うと、一九二五年に、普通選挙法と治安維持法の両方が成立したことが象徴的です。大正デモクラシーが実りを見せたと同時に、国体の変革や私有財産制の否認を目的とする結社・運動を禁じた。つまり無政府主義や共産主義の運動は、ここでストップをかけられるわけです。

**島薗**　一九二五年と言うと大正末期ですが、大正時代を通じて、右から左までさまざまな思想が開花していったように見えるけれども、結局、国家神道や国体の護持が絶対的な価値とされるようになり、団体を脅かしそうな思想はつぶされていった。必然的に生き残るのは、なんらかのかたちで国家神道や天皇崇敬を取り込んだものばかりになっていきます。

宗教の分野で言えば、大本教や田中智学のような日蓮主義が、教義に国体論や皇道論を取り込むことで、民衆から大きな支持を得ることに成功し、勢力を拡大していきました。

大本教の発端は一八九二年に始まる京都府北西部の住民、出口なおの神がかりとお筆先ですが、この段階では天皇はまったく出てこない。記紀神話の神々の背後に、もっと根源的な世界の始まりと悪政の始まりがあったという神話です。

そして、明治維新以後、「我よし」、つまり利己主義の世の中に進んでいる。近い将来、「世の立替立て直し」が起こるという予言をする。なおを引き継いでリーダーとなる出口王仁三郎《おにさぶろう》もそこに希望を見出した。ところが、一九〇〇年ころになると出口王仁三郎は皇道を取り込み、国家神道の要素を吸収して拡張路線をとっていきます。

日蓮主義の田中智学も蓮華会、立正安国会などと名乗っていた一八八〇年代、九〇年代には「国体」などに触れることはありませんでした。それが一九〇〇年ころから日蓮主義と「国体」論を重ね合わせるようになります。「国体」論を掲げて勢力を伸ばしたのは大正時代で、宮沢賢治や石原莞爾も智学からインスピレーションを受けました。

大正時代の国体論的日蓮主義の隆盛が昭和維新につながっていきます。テロを実行した血盟団の井上日召《にっしょう》、満州事変を実行した石原莞爾、二・二六事件の首謀者である国家社会主義者の北一輝《いっき》など、国家主義者や昭和ファシストのなかには、日蓮主義者が非常に多い。

このように国体論を取り込んだ宗教運動が大正時代には大いに発展したのです。

ただ、こうした諸宗教が国体論や皇道を取り込んでいくプロセスというのは、宗教側が国体論におもねったという見方だけでは不十分です。たしかにそういう面はあるのですが、国体論は個々人の苦悩のような実存的な問題の受け皿にはならなかった。そのため生きづらさを抱える青年たちはまずは仏教などの他の宗教に救いを求め、国家神道を取り込んだ各宗教を経由して国体論的なものと融合していくという側面があったのです。そういった人間が、昭和維新の担い手になっていくわけですね。

### ▼「天皇機関説」と国体論の闘い

**片山**　実は政党政治の崩壊にも、国体論は大いに関係しているのです。

というのも、明治憲法を機関説ではなく「天皇主権説」で解釈し、行政部も立法部も天皇の下で慎ましくタテ割りを守って縄張りから出てくるべきでないと考える右派系の人間から見ると、「天皇機関説」と民本主義に支えられた政党政治は、政党が衆議院と内閣の両方で我がもの顔に振る舞おうとする点で、天皇の大権を蹂躙《じゅうりん》しているようにも見えたからです。

**島薗**　憲法学者の上杉慎吉や、原理日本社の蓑田胸喜《みのだむねき》などですね。

**片山**　そうです。それ以外にも、衆議院重視の「民本主義＋天皇機関説」は、衆議院のライバルである貴族院からも敵視されました。衆議院議員は国民の普通選挙で選ばれますが、貴族院はそうではない。天皇の意思を国民がかたちづくるのが「五箇条の御誓文」の「万機公論に決すべし」からいっても正しいのだと主張する民本主義者からすると、国民の審判とは別のところで議員の選任される貴族院は時代錯誤に見えます。

　また政党内閣は、衆議院の与党によって組閣し、行政部を支配するシステムですが、明治憲法は行政部に内閣と別立ての枢密院を設けていました。ところが、衆議院の与党と内閣が政党内閣で一枚岩になっていると、内閣との力関係を気にする枢密院が依怙地《いこじ》になってくる。

　軍部は言わずもがなでしょう。国民皆兵の上に成り立つ軍は、自分たちのほうが国民の代表に相応《ふさわ》しいと信じていたのですから。

**島薗**　結局、天皇機関説や政党政治も、明治の欠陥であるタテ割りの政治システムや祭政教一致を克服できなかったわけですね。

　最終的には、一九三五年の「天皇機関説」事件で立憲主義も息の根を止められました。大日本帝国は、万世一系の天皇がすべてを統治する国だということこそが日本社会の根本原理だということがあらためて確認されたかたちになります。

**片山**　「天皇機関説」事件は、結局、デモクラシーの軍隊をつくることにも失敗したということを示しているでしょう。「天皇機関説」のもとで総力戦体制に対応する「国民の軍隊」をつくり、アメリカやイギリスの軍隊に近づけてゆく道もあったはずですが、日本のデモクラシーはまだそこまで成熟していなかったし、そもそも「天皇の軍隊」を「国民の軍隊」にするには改憲しなくてはならない。でも欽定《きんてい》憲法ですし、改憲なんてなかなかできません。やっぱり日本の天皇は神であって、そのために命を捧げて軍人も兵隊も「死んだら神様」という理屈を正面に立てないと、日本の非常時を戦う「天皇の軍隊」はもたない。「天皇機関説」は平時の天皇観であって、非常時に必要な天皇観に転換するために美濃部達吉が生贄《いけにえ》にされた。そう考えることもできるでしょう。

そして軍部だけでなく、政党も民衆もふくめて国体明徴運動に乗っかってしまった。この手のひらの返し方は、島薗先生が論じてきた「下からの国家神道」あってのものでしょう。

▼アジア主義と昭和維新

**片山**　ここまでは、主に国内事情に焦点をしぼって、大正デモクラシーが短期間で崩壊するプロセスを議論してきました。すでに見たように、大正デモクラシーに直接引導を渡したのは、五・一五事件や二・二六事件といった軍部クーデターです。

ただ、軍部クーデターの背景には、大正から準備されていった昭和維新の思想がありまず。

**島薗**　変革右翼と呼ばれる大川周明や北一輝ですね。

**片山**　はい。ふたりは国家社会主義的な思想の持ち主と呼べると思いますが、ほかにも、権藤成卿《せいきょう》や橘《たちばな》孝三郎に代表される農本主義的な思想も、昭和維新には流れ込んでいます。

これらはまずは国内改造を求める思想ですが、昭和維新にはもうひとつ重要な思想がベースとなっています。北や大川はそちらの代表者でもあります。アジア主義ですね。

対談の冒頭で触れた『明治神宮懺悔物語』の著者である佐藤鋼次郎も昭和維新とのつながりで見ることができます。佐藤も、第一次世界大戦の終わる一九一八年には老壮会に参加しています。

老壮会というのは、満川亀太郎や大川周明、さらに大井憲太郎や堺利彦まで、右も左も、明治世代も大正世代も、席を並べて思想問題を語ろうという不思議な意見交換団体です。そしてこの会を通じて親睦を深めた愛国革新勢力が大同団結して猶存社《ゆうぞんしゃ》という思想結社をつくって、上海《シャンハイ》にいた北一輝を日本に呼び戻して、猶存社の面々が離合集散しながら、いわゆる昭和維新運動の中核になりました。

そのおおもとの老壮会の名前を付けたのが佐藤鋼次郎なんですよ。老いも若きも国難打開のために議論しようということですね。

『明治神宮懺悔物語』の書かれた背景を話すと、欲望追求の資本主義にも、階級闘争に頼って民族性や伝統、宗教などを顧慮しない社会主義にも限界があるという閉塞感です。物語のなかでは、日本人が西洋人たちを諭し始めるわけです。

やはり共同体や伝統的な友愛、相互扶助、信義、宗教的な感情、家族愛、民族の信頼が大事である。それらが人間社会を立ち行かせる。

その理想を思想的にも政治的にも全人生において示されたのが明治天皇である。明治天皇崩御後も明治の理想は明治神宮という神聖な空間に担保されていて、そこに参ることで日本人はくりかえし明治の精神を追体験して、明治天皇の指し示した理想郷に向かって歩んでいけるのだと。

それで西洋人たちは明治神宮に案内され参拝し、感動して、これからの世界は明治天皇の精神にしたがってこそ平和になれるんだと悟る。そして今までの西洋近代思想はみんな間違いでした、すみませんと、懺悔する。それだから『明治神宮懺悔物語』なのです。明治神宮が懺悔するのではなく明治神宮で懺悔する。

つまり、白人たちが、明治天皇の精神を世界の指導原理だと認めるという思想が、大正デモクラシーの崩壊期にあらわれた。

それと遠からぬ関係にあるのが、昭和維新のもうひとつの重要な思想的な柱であるアジア主義でしょう。

**島薗**　アジアを解放し、アジアの人々、国々で連帯し、東洋として西洋に対抗していくというヴィジョンですね。

**片山**　そうです。東南アジアやインドもふくめて、アジアは西洋の帝国主義に収奪されている。よってアジアを解放しなければならない。そのリーダーシップを日本がとる。日露戦争に勝利し、第一次世界大戦後には国際連盟の常任理事国になって国際的に確固たる地位を築いた日本が、アジアの解放を果たし、西洋に対抗しなければならない。これがこの時代のアジア主義者の基本的な考え方でしょう。

ところが大正の日本は、享楽主義や快楽主義に染まって、愚劣な国になっている。悪い意味で「文明開化」しすぎて、西洋化が行きすぎ、「王政復古」の理想のほうを忘れている。西洋とは別の「和」の思想でみなをまとめて、個人主義や自由主義とは別の、全体や公益や集団を重んじるような東洋の原理が大事なんだという、そういう原理をたてなくてはアジアを西洋と別の世界として把握することはできない。日本がアジアを束ねる資格を持つこともできない。日本がアジア連帯の指導者になるためには、国内の改造が先決である。

いろんな思想家がいますから言うことはいろいろですが、おおよそこんな理屈で、昭和維新の思想は、国家改造とアジア主義を結びつけていくわけです。

**島薗**　私は、大正期のアジア主義には大きな可能性があったと思います。

大川周明、民芸運動の創始者である柳宗悦《むねよし》、古くは岡倉天心もそうですが、彼らには、アジアや東アジアに共通する精神文化を尊ぶ態度がありました。そして在野の団体には、アジア諸国の運動家と連携する動きもあった。

しかし残念なことに、アジア主義は結局、日本の帝国主義に回収されてしまいました。その弱点は、やはり国体論とアジア主義の結びつきでしょう。

片山　同感です。

### ▼昭和に幕末の尊皇攘夷が復活した

片山　つまるところ、アジア主義は尊皇攘夷の焼き直しになってしまったのですね。第二章で触れた会沢正志斎の『時務策』が、ここでリアリティを帯びてくるわけです。

島薗　石原莞爾の「世界最終戦争」はその典型ですね。日蓮主義と皇道を融合させた国柱会の教義を全面的に受け入れていた彼は、日蓮主義の世界変革的なヴィジョンをそのまま現代に実現しようとし、関東軍の参謀副長として満州事変を計画しました。

石原莞爾の「世界最終戦争」は、近代世界の生存競争に勝ち残った日本とアメリカが、最終戦争をして日本が勝ち、この世に『法華経』の理想が実現するという壮大な構想です。そこに天皇中心のアジア主義という発想が入ってくる。つまり、日本は東洋の代表としてアメリカと戦うのだと。そのためには、東アジア諸国家は「民族協和」の理念で、道徳的に結合しなければならないというわけです。

その第一歩が、満州国建設でした。だからこそ石原莞爾は、日本人、満州人、中国人、朝鮮人、蒙古人《もうこじん》という満州の五民族が助け合う「五族協和」を、満州国建設の理念に掲げるのですね。

片山　そこに尊皇も入ってきます。

石原莞爾は、世界最終戦争に備えるために、天皇親政の強力政治を理想としたと思います。

石原によれば、世界最終戦争は、昭和一〇年代から二〇～三〇年後に起こると言います。石原の指導した政治運動団体というか政党と呼んでいいと思いますが、東亜連盟というのがありますけれど、その東亜連盟は政治目的に「皇太子教育」を掲げたこともあります。石原は世界最終戦争が起きるころには昭和は終わって皇太子が天皇になっていると予想していたのでしょう。だから、皇太子教育が重要なんだというわけです。もちろんその皇太子とは平成の今上天皇のことなんですけれど。

## ▼帝国主義に変質したアジア主義

島薗　さきほど言ったように、思想として見れば、アジア主義にはアジアの解放を唱え、アジアの人々と連帯するという豊かな可能性がありました。

しかしそれが、朝鮮統治や満州事変のようなかたちで、日本の帝国主義的政策に変質してしまった。その矛盾の源流には尊皇攘夷があるのですね。

**片山**　思想的には、そのとおりだと思います。

しかし「富国強兵」という国家のスローガンから見ると、ある意味で日本の行動は一貫しています。それは征韓論から満州事変、日中戦争に至るまで、大陸と朝鮮半島に食糧、資源、市場、労働力を求めていくというものです。

その路線は、大正時代にはむしろゆるんでいったとも言える。先述したように、日本は第一次世界大戦では連合国側の戦勝国で、国際連盟の常任理事国になりました。国際協調主義に則《のっと》り、軍縮条約もとり結びます。いわば国際政治的にはグローバリズム路線の流れでした。だから、大正のアジア主義は、在野の理想主義的な運動という色彩も強かったと思います。

けれど、国際協調主義の路線は世界大恐慌を区切りとして腰が砕けてゆきました。大正流のグローバリズムはブロック経済追求に化けてゆく。グローバリズムは恐慌の輸出に直結したわけですから、「開く」のはやめて「閉じない」と安心できないことになる。

一方、たとえば大川周明の東西対抗史観、つまり覇道の西洋と王道の東洋は並び立たないというような、ある意味、審美的で哲学的とも言える世界観、そういう思想に彩られた在野のアジア主義は、食糧や資源をアジアで確保しなければならないという国策と癒着して、大東亜共栄圏をサポートし、東西対抗史観は現実にはアジア・太平洋の覇権争いとして覇道を競う日米戦争になっていくわけです。

## ▼未完のファシズム

**島薗**　大東亜共栄圏の話をする前に、少し時計の針を戻したいのですが、昭和維新も結局は、二・二六事件で挫折しますね。つまりクーデターは失敗した。しかし同時に、政党政治や立憲政治も死んでしまった。

そうなると、大日本帝国は振り出しに戻るような状態です。つまり、元老のいないタテ割り政治と国体論だけが残る。これでは国家は機能しませんね。そこで、日本は全体主義あるいはファシズムに突入していったというのが一般的な理解です。

しかし片山さんは、戦前日本は「未完のファシズム」だったという説を唱えています。その根拠を少し説明していただけますか。

**片山**　はい。ファシズムを一元的かつ独裁的な政治体制と結びつけて定義する場合、日本はそうなったとは思えないので「未完」ということを申したわけです。

明治憲法体制のタテ割りを「大正的」に解消しようとした「天皇機関説＋民本主義」は五・一五事件や血盟団事件や国体明徴運動によって打ち倒されてしまった。元老の機能しない時代にタテ割りの権力機構を束ねる「大正的」な仕掛けはそれで最終的に壊されてしまった。

理屈で言えば、明治憲法の条文は変えずに、しかも「天皇機関説」の路線で政党に力を与えるのではなく、それでタテ割りの壁を超えていこうとすれば天皇親政しか選択肢はないと思いますが、昭和天皇は立憲君主論者ですから、それは無理筋です。「御聖断」は例外ですから。しかし天皇親政の実を挙げようとすると「毎日が御聖断」の世界になるのですから、ますます無茶でしょう。

するとどうなるのか。日本の政治を導く力をどこに求めるのか。次なる仕掛けのできないまま、一九三七年に日中戦争が始まってしまいました。

**島薗**　軍部は短期間で制圧できると高をくくっていたものの、泥沼にはまっていきましたね。

**片山**　戦費はかさみ、戦死傷者も増えていく。まさに泥沼です。これもタテ割り政治が招いたことでしょう。軍と内閣、というか軍のなかでも内閣のなかでもさらにセクションが割れていて、意思疎通ができないまま、各々の歯車がかみ合わずに暴走して既成事実を積み上げて、それをほかが追認してゆく。それが戦争の時代の日本政治だと思うのです。日中戦争の戦争目的も始まってから考え始めるのです。

丸山眞男《まさお》なら「無責任」と言い、京都学派なら中心のない「無の政治」と呼ぶものでしょう。

それでは効率的な総力戦はできないはずです。ようやく一九四〇年、元老政治と政党内閣に続く、新たな仕掛けがつくられかけました。貴族院の政治家、近衛文麿《このえふみまろ》を中心とする大政翼賛会の運動です。ナチスのような一党独裁体制の樹立をめざしたものです。

既存の政党を解体してひとつの党に束ねる。野党もいなくする。衆議院と貴族院をまたにかけて議員を結集する。大政翼賛会の総裁は総理大臣を兼ねる。大政翼賛会内閣をつくる。そうすれば貴族院と衆議院と内閣は一枚岩になる。そこまで強力な政治勢力ができれば軍部も御しやすくなる。「強力政治」が実行できる。日中戦争や日米関係など、どんな泥沼も打開できる「決められる政治」のやれる国に大日本帝国は生まれ変われるだろう。それが近衛の夢でした。

ところが近衛文麿は土壇場で翼賛会の理想を放棄してしまいました。なぜか。護憲に徹する伝統主義者たちから猛攻撃を受けたからです。

考えてみれば、当然です。政党政治さえ天皇大権を侵害するものだと言われた。いわんや巨大政党のトップが総理大臣を兼ねることなんて、ゴリゴリの天皇主義者が許すはずがありません。

結局、強力な一枚岩の内閣を組織できない大政翼賛会はたちまち有名無実化してしまった。近衛の後を受けて首相になった東条英機は、陸軍大臣、参謀総長などを兼ねることで、タテ割りの組織を束ねようとしました。兼職というのはありうる手だったと思います。しかし反対派からは「東条ファッショ」と批判されます。強力に束ねて一元化をめざすという意味での「ファシズム」は明治憲法体制とつねに矛盾するものとして退けられる運命にありました。かくして総力戦体制は最後まで未完でした。

東条の次の総理大臣の小磯国昭は太平洋戦争の戦況を軍が教えてくれないのでいつも困っていたし、戦争最末期には天皇も鈴木貫太郎首相も本土決戦の準備の程度を把握できなくて苦労しました。タテ割りと秘密主義、ここに極まれりです。

この状況を「未完のファシズム」と呼称したのですが、ファシズムの定義によってはそれこそが「日本ファシズム」だと呼ぶこともできるでしょう。しかしなんでも日本を付ければよいというものでもないので、「未完」と呼んだほうが少し論争的になるかなということでして。

▼大東亜戦争は尊皇攘夷の焼き直し

**島薗**　一九四一年に東条内閣が成立して、すぐに太平洋戦争が始まりました。しかし、その時点でも明治の国家デザインの欠陥は克服されないままでした。いや、むしろその欠陥が明らかになったのが、太平洋戦争とその敗戦と言うべきでしょう。国体論の浸透がバンザイ突撃のような玉砕精神を生んだのです。

**片山**　太平洋戦争、あるいは大東亜戦争の目的は、アジア人が共存共栄する「大東亜共栄圏」の建設だとされました。ここに至っても、尊皇攘夷の思想が焼き直されているわけです。

現実はもちろん違います。世界大恐慌のあと、世界経済はブロック化していきました。日本も「日満経済ブロック」、さらに「日満支経済ブロック」をつくることを目論んだ。しかし東アジアだけでは、資源が足りない。とくに石油がありません。そこで「東亜」を「大東亜」に拡張し、東南アジアや南アジアまでを占領し、ブロック経済をつくらなければばならないと考えた。これが「大東亜共栄圏」の現実でしょう。

**島薗** どうしてそれができると思ってしまったのでしょうか。

**片山** 同盟国のドイツがイギリスに勝ち、欧州を制覇する。ドイツとソ連は不可侵条約を結んでいたので、戦争はしない。結果、ユーラシア大陸を日独露で分割すれば、共存できる。アメリカは中南米やカナダをふくむアメリカ大陸ブロックをつくって、安全のために太平洋ではハワイを確保しておけば、それで納得するだろう。つまりアメリカと戦争をせず、ヨーロッパで始まった第二次世界大戦には参加しないかたちで「大東亜共栄圏」は建設可能だ。そういう何重もの希望的観測が、一九四一年の半ばくらいまで、日本人を導いていたと思います。

**島薗** しかし見込みは外れた。

**片山** やはり甘い見込みだったと言うほかありません。アメリカは西太平洋から中国までを諦める気はなかった。オバマ政権がＴＰＰに執着したのと同じで、太平洋ブロックのリーダーはアメリカでなければならない。中国という巨大市場も欲しい。日本に取られてなるものか。結局、そこからアメリカは引かなかった。日本は完全に読み違いをしていた。

おまけに近代国家を成り立たしめる鉄と石油の二大資源については一九四一年になって

もなお日本はアメリカに依存していたのですから。「日満経済ブロック」、「東亜協同体」あるいは「日満支経済ブロック」などと言ってアメリカとずっと対立を深めてきた歴史があったのに、日本のつくる経済ブロックにはどこまで行っても石油がない。鉄も賄えない。対立するアメリカを頼りにし続けている。おかしな話です。

そしてついに日米戦争。もちろん「持たざる国」である日本が、「持てる国」アメリカの兵力、物量、科学に勝てるわけがない。それは軍部のなかでも物の見える人間には当然ながらよくわかっていたことです。

それでもアメリカ相手の総力戦争が始まってしまった。どうすればいいか。日本がすがったのは「精神力」。物量で足りない分は精神力で補うしかない。ほかに答えの求めようがない。

## ▼国体論の浸透が玉砕精神を生んだ

島薗　その「精神力」のエンジンになったのが、国体論にもとづく天皇崇敬です。

戦前に文部省が発行した「国体の本義」（一九三七年）や「臣民の道」（一九四一年）、軍人に示達された「戦陣訓」（一九四一年）は、「高度国防国家」の支柱となる文書でしょう。

一九四〇年に近衛首相が発した「新体制の声明」には、「わが国においては万民斉しく翼賛の責に任ずる」のだとあって、日本独自の精神に基づく全体主義を掲げています。民衆もマスコミも、我が身を犠牲にするような軍人・兵士を褒め称《たた》え、喝采を送った。もちろん命令にしたがって特攻をした青年たちに罪はありません。恐怖をこらえながら、日本のためと思ってみずからを犠牲にしたのでしょう。彼らの悲しい死のあり方を忘れてはならない。特攻作戦の生き残りである吉田満の『戦艦大和ノ最期』などは、多くの人々に感銘を与え続けています。

しかしそういう悲劇を生んでしまったそもそもの原因が、明治の制度設計にあったことははっきりと言っておかねばなりません。

**片山**　精神力という文脈で私が興味深い存在と思っているのは、「戦陣訓」の作者のひとりとも言われる中柴末純《なかしばすえずみ》です。中柴は、東条英機のブレーンで、陸軍軍人でした。

中柴は戦時期の最極端な思想を代表しています。彼は太平洋の島々で日本軍が玉砕を積み重ねることで敵を怖じ気《おけ》づかせ、戦意を殺《そ》いで勝ちに持ってゆけるとさえ説きました。もちろんそれはあまり本気の言葉ではなかったでしょう。けれど、日本兵の死をも恐れぬ獅子奮迅《ししふんじん》の活躍で敵を驚かせることで、時間稼ぎをし、そのあいだに南方の資源を開発し、生産力を拡充して、物量面でもアメリカとわたりあえるようにならないかと、まことに淡い淡い希望を抱いていたのです。

そしてこの中柴の思想の核にあるのは玉砕を正当化する天皇崇敬思想です。死を恐れずに玉砕する。私心を無くさなければできることではない。私を滅する。個人的な欲望、生への執着を滅する。それを可能とするのは天皇信仰だと中柴は説きました。

彼は天皇の皇の字は「白い王」を表していると不思議な説を展開します。白ですからまっさら。無私の王が天皇であるという。覇道を説く外国の王とはまるで違う。この天皇の無私の精神を見上げて憧れて「万歳！」を叫ぶ。そうすると玉砕の境地に至る。そんな話をしていたのが中柴という人です。

ばかばかしいと思う人があるかもしれない。しかし、つい七〇年と少し前までの日本を突き動かして無茶な大戦争に人々を動員する思想として機能していたのはそういう思想なのです。

## ▼国民の分断へと向かう国家主義

**島薗**　国体護持のために大勢の人間が玉砕し、戦争末期にはタテ割りのために意思決定ができない。広島と長崎に原爆を投下されるに至って、ようやく天皇の「聖断」によって戦争と大日本帝国は終わりました。

大正デモクラシーから敗戦までの日本の経験を通覧すると、現代日本の課題もより浮き彫りになってきます。

大正の「天皇機関説」から昭和の玉砕精神に至った変化というのは、天皇制のもとでの民主主義が崩壊し、天皇の神格化が臨界点に達したことを示しています。その結果、タテ割り政治がさらに強化されてしまい、第二次世界大戦で犠牲者の数をいたずらに増やしてしまいました。

転換のきっかけには、世界大恐慌という非常時があった。非常時に対してデモクラシーを機能させる術がなく、地方も犠牲にした。リーマン・ショック、さらには東北や熊本の大地震を経験した現代日本にも通じる課題ではないでしょうか。

**片山**　大いに共感します。さらに付け足すならば、ある側面では、戦前・戦中よりも今、日本は深い危機に直面している。それが前章の末尾で論じた福祉国家の解体です。

**島薗**　戦後の日本は、総動員体制の延長で社会保険や年金を整備して、福祉国家をつくってきた。その意味では、一九四〇年に福祉国家の芽があった。

片山　「一九四〇年体制」と言われるものですね。国家総動員体制のなかで、自由主義経済でもないけれど計画経済でももちろんなく、その中間を行くような一種の統制経済の仕組みを「一九四〇年体制」がつくり、護送船団方式の経済運営が定着した。そこに終身雇用や労使協調といった「日本的経営」の諸特色も加わってきます。

この「一九四〇年体制」を軸とする仕掛けが高度経済成長を支えたとも言えるのでしょうが、その元になったのは言うまでもなく総力戦体制作りの仕掛けから戦後に抜け落ちた軍事です。つまり戦後は国防費をかけなかった分、よそに回せたので、高度経済成長ができたのだという話ですね。昭和四〇年代の国会での安保問題の討議など読んでいると、自民党議員がそういうことを誇らしげによく語っています。

しかし、その前提が変わってきました。日米安全保障条約のもと、日本はアメリカの圧倒的軍事力に依存しながら国を守ってきた。吉田茂の表現を使えば、アメリカを日本の番犬にして上手に立ち回ってきた。ところがアメリカの国力が圧倒的でなくなってきた。軍事的能力は相変わらず抜きんでているでしょうが、それを支える経済力が陰っている。アメリカが日本に軍事的協力を求め、防衛のための負担、世界の安全に対する負担をもっと増すようにと要求してきている。

アメリカがその種のことを言ってくるのは朝鮮戦争以来と言ってよいのですが、その程度がずっと上がってきている。日本が「解釈改憲」をして従来の個別的自衛権の枠から踏み出して集団的自衛権を行使できるようにしないと、アメリカの期待に応えられないほどになっている。軍事費も今後は拡大の一途をたどるのではないでしょうか。日米安保はもはや「番犬論」からずいぶん遠いところへと変質しました。長年のツケをまとめて払わせられかねない勢いです。アメリカになおも従うにしても、アメリカとの関係を弱めて自主防衛路線を歩むにしても、防衛予算は戦後の常識的範囲をはみだしてゆく一方でしょう。

しかも右肩上がりの時代は終わっているでしょうし、国債という巨大な借金を先送りし続けてにっちもさっちも行かないのが日本の財政ですから、軍事費が増大する分、福祉にしわ寄せが来るだろうことは容易に予想されます。安全あっての国民生活→軍事優先→自助・共助→足らざるところは「慈恵」。そんな世の中はもう目前まで来ているでしょう。その意味で明治に帰っていく。

二〇一八年は「明治一五〇年」で明治見直しの気運を高めてゆく傾向がもう顕著になり始めているように感じますが、「明治に福祉はなかった、それでも日本人は立派に生きていた」という議論がさかんになるような気がしてなりません。貧富の差がますます増大していきそうなときにそれはあんまりでしょう。「一九四〇年」のほうがましだったでは、洒落《しゃれ》にもなりません。

**島薗**　片山さんの危機感を私も共有しています。いまや「平等」という価値が減価し、格差や貧困についても自己責任論が席巻しています。個々人に責任を帰すことを好む意識は、また身近に敵を見つけようとする欲望を刺激します。そして敵を抑えつけたり排除したりする方向で秩序を求める。連帯ではなく、分断へ向かう国家主義です。

だからこそ、こうした現代において、天皇という存在を国民がどう考えればよいのかが、焦点になるわけです。

# 第六章　戦後も生きている国家神道

## ▼一九三〇年代と似てきた現代日本

**島薗**　前章で議論した大正デモクラシーが崩壊していくプロセスは、現在の日本社会を考えるうえでも大きな示唆を与えるのではないでしょうか。

現在の日本は、一九三〇年代の日本とよく似ている側面があるということです。欧米の立憲デモクラシーをめざしていたのが、それに背を向けるかのような政治姿勢が前面に押し出されてきています。

一九二九年の世界大恐慌が大きな引き金となって、満州事変が起き、五・一五事件や二・二六事件といった昭和維新を経て、政党政治は死にました。一九三五年には、「天皇機関説」事件が起こり、それまで公認とされた「天皇機関説」が危険思想とされ、立憲主義も死んだ。その後には、精神力の動員だけで戦争を乗り切ろうとする、統治なき全体主義に突入していくわけです。

さて、現代日本はどうか。リーマン・ショックや東日本大震災という非常事態が起き、期待された二大政党制が機能不全に陥っています。そして安倍政権は強引な解釈改憲で、安保法制を強行採決し、憲法改正まで視野に入れている。立憲主義が危険思想扱いされかねない状況です。

さらにふたつの時代は、その程度は大きく違いますが、国家神道や国体論が強化されているという点でも共通している。

こうした状況で、天皇と民主主義の関係をどのように考えればいいか。これが本章で議論したいテーマです。

## ▼憲法をめぐる解釈闘争――明治の「天皇」と戦後の「平和」

**片山** 一九三〇年代と現代がよく似ているという見方は、私も同じです。では、そこから炙《あぶ》り出されてくるものは何か。私は、どちらの時代にも、憲法に出てくるもっとも重要な言葉をめぐって解釈闘争が起きていることがとても気になるのです。

その言葉とは、明治憲法では「天皇」であり、現憲法では「平和」です。

明治憲法では、改憲は天皇しか発議できませんから、事実上、改憲は無理といってもよい。しかも明治憲法は、戦後憲法もそうなのですが、解釈しようと思うと、幅を広く許す書かれ方・つくられ方になっている。そこで、第一条の「万世一系ノ天皇之ヲ統治ス」の意味も時代状況に応じてかなり幅広く解釈されることになった。

**島薗** 「天皇機関説」もそうした解釈のひとつですね。

**片山** そうです。その対極には、天皇大権を護持するために、権力のタテ割りシステムをいじらせない護憲右翼の立場がある。結局、残ったのは護憲右翼の立場です。大政翼賛会すらまともに機能せず、タテ割りのまま戦争に突入し、多くの犠牲者を出して、世界史的に見てもかなり破局的な負け方をした。

天皇概念のあまりの融通無碍《むげ》さ加減が、まさにいい加減な成り行き任せの政治を生んで、みんなが狭い範囲で勝手をし、広い範囲では空気を読み合って意思を相殺され大局的な意思の凝集・合成というものがちっとも行われないうちに一九四五年に至ってしまった。

戦後憲法の「平和」という言葉をめぐっても、同じような解釈闘争が今、起きています。絶対に非戦・不戦で自衛隊すら違憲だという平和主義もあれば、自国の安全を守るために軍事力を拡大して海外に自衛隊を派遣して事実上の戦闘行為に及んでも合憲だという平和主義もある。そんな現憲法の掲げる平和も、明治憲法の天皇同様、概念の混乱の果てで有名無実化のピンチに立たされているように見えます。

「必要最小限」の防衛力というかたちで、アメリカの丈に合わせて平和概念も変えてきたけれど、アメリカの丈がいよいよ縮んできたので、さすがに限界に達し、平和憲法との整合性がついに取れなくなってきた。集団的自衛権まで合憲では、憲法の条文がいくら拡大解釈を許すといっても、行き過ぎではないか。それで二〇一五年には安保関連法案をめぐる価値観の衝突が顕在化した。それが現今の情勢でしょうか。

### ▼国家神道は戦後も生き延びた

**島薗**　「天皇」と「平和」というふたつの言葉の闘争には、どちらも国家神道や国体論的な思想が絡んでいます。戦前は言うまでもありませんが、安倍政権が進めようとしている改憲にも、国家神道の影響力が及んでいるということです。

戦争が終わり、国体論は影をひそめた、というのが、つい最近までの世間の見方でしたが、私自身はそうではない、と以前から考えていました。

そしてようやく二〇一六年になって、立て続けに「日本会議」の政治的影響力を危惧《きぐ》する本が出版されたり、解説記事が新聞にのるようになってきました。「日本会議」には神社本庁などの多くの宗教団体が関わっていますが、この「日本会議」を実務的に引っ張ってきた人たちの中心はもともと「生長の家」という新宗教の信徒で、一九七〇年前後から右派の学生運動や青年運動に関わってきた人たちです。「生長の家」の教祖の谷口雅春は戦前も「天皇絶対論」を掲げる本を書いており、戦後は戦前回帰を強く主張し続けてきた人物です。
ただ、現状起きている現象だけを見ていては、「日本会議」のような勢力の本質は理解できません。現在の国体論や国家神道を見るうえでは、戦後のGHQによる占領期までさかのぼる必要があるのです。

**片山**　一般には、国家神道は、一九四五年にGHQが発した「神道指令」によって解体されたと言われています。「神道指令」によって、公的な組織だった神社が民間組織になった。その結果、公的に国体や皇道を教導する仕掛けはなくなったのだと。

**島薗**　その通説に対して、私は異を唱えています。その理由を説明しましょう。
「神道指令」は略称で、正式には「国家神道、神社神道ニ対スル政府ノ保証、支援、保全、監督並ニ弘布ノ廃止ニ関スル件」となる。長い題ですね。これはアメリカ的に考えると、国家と特定宗教を分離する、教会と国家を分離する、ということになる。それを日本にあてはめて、神社神道というものを国家から切り離すことが主眼とされました。
しかし、第一章で説明したように、国家神道は神社神道だけに還元できないのですね。

**片山**　国家神道と神社神道とは、どのような関係にあるのでしょうか。

島薗　私は次のように考えています。

日本各地にはさまざまな神社があり、それぞれ多彩な信仰を培ってきました。地域を超えた組織的つながりは仏教教団が媒介になりました。聖護院や三宝院（醍醐寺）が本山となる修験道に代表されるような、神仏習合の宗教組織ですね。

つまり、「神社神道」と呼べるような統一的な宗教組織は、明治維新以前には存在しなかった。かろうじて京都の朝廷を中心とする神社ネットワークはあったけれども、その範囲も影響力も大きくはありませんでした。

それが明治になると、皇室祭祀と連携して全国のさまざまな神社が組織化され、はじめて神社神道と呼び得るような大規模な組織が形成されたのです。これが、国家神道の重要な構成要素となっていきます。

しかし神社神道は国家神道の重要な要素ではあるけれど、神社神道＝国家神道ではありません。私自身は、国家神道は皇室祭祀、神社神道、国体論という三つの要素に注目してその歴史を見ていくべきだという理解をしています。

ところが、ＧＨＱによる「国家神道」の定義には、皇室祭祀がすっぽり抜けているのです。結局これは、西欧流の教団中心の宗教観から国家神道を判断したことがひとつの要因です。それから神聖な天皇の宗教的な力をどう制御するのか、よくわからなかったという要因もあります。終戦後、天皇の「人間宣言」は行われたものの、解体されたのは国家と神社神道の結合で、国家神道の主要な構成要素である皇室祭祀のおおかたは維持されました。

そのため、皇室祭祀と神社神道の関係を復活させようとする動きが絶えないのです。天皇が伊勢神宮や三種の神器と一体だとするわけです。とくにここ数年は、この皇室祭祀に特別な意味をもたせて「神聖な国体」の復興をめざす政治勢力が力をつけてきている。そして、神道、とりわけ伊勢神宮と靖国神社の国家機関的側面を強めようとする運動も活発化しているのです。

## ▼神聖国家への回帰をめざす神社本庁

**片山**　ただ、皇室祭祀じたいは、天皇家のプライベートな行為であって、公的な位置づけはないのでは？

**島薗**　憲法学的建前ではそういうことでしょう。しかし現実的にはどうでしょうか。天皇陛下は一年に何十回も、天皇家全体としては一年に一〇〇回以上の儀礼を行うことになっています。元旦には四方拝《しほうはい》、三日には元始祭《げんしさい》というのがある。そのほかにも多くの行事をしている。そういう天皇の神道行事があり、天皇は天照大神、伊勢神宮と不可分の神聖な存在であり、だからこそ全国民が尊ぶべきだという観念が、明治維新以後、広められ定着しました。

このことを考えれば、戦後になって皇室祭祀が建前上、プライベートな行為ということになっても、公的な意義や影響力は少なからず残っています。

実際、天皇の代替わりの際には、剣璽《けんじ》等承継の儀や賢所大前《かしこどころおおまえ》の儀があります。天皇の公的な行為に三種の神器が関わっているわけです。その三種の神器は「天壌無窮の神勅」とともに天照大神からニニギノミコトに授けられ、万世一系の天皇の神聖な地位を表すものとして尊ばれてきたものです。

**片山**　その建前としてプライベートなはずの祭祀の位置づけも変動してきているようにも思われます。

たとえば今上天皇の「生前退位」問題を審議する政府の「天皇の公務の負担軽減等に関する有識者会議」のヒアリングで櫻井よしこ氏は次のように述べている。「天皇の役割は国家国民の為に祭祀を執り行ってくださる事。天皇でなければ果たせない役割を明確にし、ご譲位ではなく、摂政を置くべきだ」。この意見だと天皇の仕事の根幹は祭祀であって、最低でもそれだけを果たせば、あとは摂政でよいということのようです。神道行事こそ天皇を天皇たらしめるもの。神社神道の思想がストレートに反映して、戦後の建前がいつの間にか吹っ飛んでいる。

**島薗**　神社神道は、民間の宗教団体でありながら、国家と天皇を結びつけようとする政治宗教団体の側面をもつ「神社本庁」として発展し、天皇と伊勢神宮や靖国神社の関係を強めようとしてきている。一九六九年には神道政治連盟（神政連）もできています。日本会議も、神政連や神社本庁とは強いつながりを持っています。

たとえば、ジョン・ブリーンという国際日本文化研究センターの教授でイギリス人の歴史学者が『神都物語　伊勢神宮の近現代史』（吉川弘文館、二〇一五年）で指摘していることですが、GHQによる占領終了後の早い時期から、「神宮の真姿顕現《しんしけんげん》運動」が起こります。伊勢神宮と皇室は密接な関係がある、そして天皇は国民の象徴ですから、伊勢神宮は国家機関として重要な意味を持っている、そのことをはっきりさせましょうという運動です。

そして、この「神宮の真姿」という言葉は、戦争中、より正確には二・二六事件のときから使われてきた「国体の真姿」から来ている言葉だとブリーン氏は言っています。
これは、戦後のＧＨＱが、国家神道の廃止と政教分離を命じた「神道指令」をひっくり返すための最初の運動だったわけですが、その後も、紀元節復興運動や、元号法制化運動が続いた。

**片山** なるほど。

**島薗** 今、安倍首相がやろうとしていることも、その路線の上に乗ったものです。この対談の冒頭でも触れましたが、彼は、二〇一三年の伊勢の式年遷宮の際に、「遷御の儀」というクライマックスの式に八名の閣僚を引き連れて参列しています。
国家的な行為であり、政教分離に違反している疑いが濃いです。そうすることで伊勢神宮の国家的な地位を強化しようとしているわけです。これは神聖国家をめざすもので、国民主権や基本的人権、とりわけ良心の自由、思想信条の自由、信教の自由を脅かしかねないものです。

## ▼自民党の二面性――脱アメリカVS.親アメリカ

**片山** そこで疑問に思うことがあるのです。今、島薗先生がおっしゃった安倍首相の行動というのは、まさに戦後レジームからの脱却に沿ったものです。

戦後レジームの中身がなんなのかは判然としないのですが、おおよその見当はつきます。すなわち、戦争に負けて、日本はアメリカから憲法、戦後民主主義、教育、個人主義的な価値観など、いろいろなものを押しつけられた。また東京裁判では、戦勝国の都合で一方的に裁かれた。それをチャラにして、リセットしたい。戦前日本の延長上で、今の日本をつくり替えたい、というところでしょう。だから国家神道の復権であり、戦前回帰だという話になるわけですが、別の言い方をすれば、アメリカの呪縛から逃れたいということでもあります。

**島薗**　そのとおりですね。

**片山**　ところが一方で、安倍政権は日米同盟を強化するために、安保法制を強行採決している。しかも、それをアメリカの議会で演説して公約している。

つまり安倍首相は、脱アメリカと親アメリカという矛盾したことをやっているということです。この構造は明治の旗印そっくりじゃないでしょうか。「王政復古」と「文明開化」。それを現代的に表現すれば、脱アメリカと親アメリカになるのです。

**島薗**　そう整理すると、すっきりしますね。でも明治の時代は、少なくともふたつのあいだにそれなりの整合性がありました。「富国強兵」のためには、「文明開化」を果たさねばならない。そのためには、国民の力をもっと動員しないといけない。ではどうやって国民を束ねるのかというひとつの答えが、「王政復古」であり天皇大権です。

しかし現代において、脱アメリカと親アメリカを両立可能にする理屈はあるのでしょうか。

**片山**　安倍首相、それから祖父の岸信介にも言えることだと思いますが、アメリカと対等なパートナーになることが、日本が一人前の国家になることだと考えていると思います。対等なパートナーになるためには、国柄までアメリカに染まってはいけないけれど、軍事、経済ではひけを取ってはいけない。結局これも、不平等条約を改正して、一人前の国家になりたいという明治国家と同じ発想なのです。

**島薗**　そのたとえでいけば、攘夷の相手がかつては西欧列強だったのが、今はもっぱら中国や北朝鮮、あるいは韓国になっているわけですね。

## ▼アメリカ不在の東アジアで何が起きるのか?

**片山**　アメリカと対等のパートナーになるなんて土台無理な話で、絵に描いた餅《もち》にすぎません。国の大きさも違えば、軍事力も桁外れに違う。対等になるためには日本がとてつもない軍事的支出をしてとてつもない新たなリスクを背負わなくてはならない。しかも、アメリカにとっては日本を守ることのメリットはどんどんなくなっているのです。

**島薗**　それを正直に言ってしまったのがトランプですね。あれは、図らずもアメリカ人の本音が出たように思います。

**片山**　戦後、アメリカは共産主義勢力の拡大を防ぐために、太平洋の対岸の防衛ライン形成に心血を注ぎました。ソ連や中国や北朝鮮や北ベトナムに対して、日本と韓国と台湾とフィリピンという親米資本主義擁護の防衛線をしっかりかたちづくって手綱を離さないということですね。日本を守るモチベーションも、反共産主義という至上命令あればこそでした。圧倒的な米軍が日本を守ってくれる。だから日本の「必要最小限」は本当に少なめで済みました。専守防衛論と平和憲法をギリギリ両立させることもできました。

しかし、冷戦構造が崩壊すれば話は別です。ロシアも中国も軍事力を背景に強圧的に勢力を拡大しようとする姿勢はありますが、共産主義で世界を塗りつぶすわけではない。世界侵略を狙っているのではなく彼らなりの「絶対国防圏」を建設しようとしているだけのことで。

「だけのことで」と言ってもその国防圏のライン次第では、日本の安全保障は大きく脅かされるし、北方領土や尖閣《せんかく》の問題もそれと被るのですが、いずれにせよ冷戦時代の、アメリカとソ連、資本主義と共産主義が激突して第三次世界大戦で人類滅亡というのとはだいぶ違います。アメリカが太平洋にコミットする前提条件が大きく変わっているのです。

日本が負担を増やしたからといって、アメリカが日本とこれまでどおりという保証は何もありません。

**島薗**　一九七二年にニクソン大統領は、はじめて中国を訪れ、米中共同声明を発表しましたね。あの訪問は、一九七一年に電撃的に発表されましたが、発表の直前まで、訪中プランは日本政府に知らされていませんでした。

当時、アメリカも日本も、中華民国である台湾を正式に承認していましたから、日本にしてみれば、まさかアメリカが共産党政権に接近するとは思わなかった。いや、たとえするとしても、アジア最大のパートナーである日本に相談することなく実行するなんて夢にも思わなかったでしょう。

同じようなことが、今後起きてもおかしくないということですね。

**片山**　はい。結局、友だち気分でいたのは日本だけだったと。ただ、今の親米派の理屈だと、あの屈辱があるから、もっと対等にならなければいけないんだ、そうなればあんなことは起きないんだということになるのでしょうが。

### ▼日本が擬似中華帝国になってきた

**島薗**　片山さんの言う脱アメリカというのは、私の危惧するところでは、東アジア的な権威主義的国家体制への回帰を帰結しかねません。つまり、安倍政権の国家主義的な物事の進め方というのは、国家や集団の秩序を尊ぶ儒教文明や東アジア官僚国家の伝統に回帰しようとしているということです。

日本は古代から近代に至るまで、一貫して、儒教文明の影響を受けてきました。儒教的な国家形成をしてきた東アジアの伝統では、天命にもとづく政治という理念が掲げられてきました。天という超越的なものから、皇帝がその命を受けて政治を行う。これが日本の場合は、天皇親政による「祭政一致」という理念になってよみがえってきたわけです。

したがって明治国家の二枚看板である「王政復古」と「文明開化」は、西洋的な国民国家をモデルにすると同時に、中華帝国の日本版をつくろうとしたと見ることができる。そして戦後も、儒教国家の影響を受けた国家神道的なものは残り続けているのですから、この二重性は引きずっている。そう考えると現在の日本は、近代日本の地金であった擬似中華帝国的な理念が表に出てきていると捉えることができます。

一方、現在の中国共産党も伝統から切れているように見えて、中華帝国的な権威主義はそのまま受け継いでいる。そう見ると、現在の日本と中国は敵対していると同時に、似た者同士の国家体制と見ることもできます。

**片山**　なるほど。

**島薗**　その背景には、冷戦が終わり、サミュエル・ハンチントンの言う「文明の衝突」に近い状況がつくられつつあることがあります。つまり、イデオロギーで東西が対立した時代が終わったあとは、各文明圏でそれぞれの宗教的伝統の影響が表に出るようになってくる。

ですから、東アジアのなかの日本と中国の精神文化的な相互関係もいつしか深まっているのですね。ただ、相互関係は連帯もあるし対抗意識もある。たとえば経済的には、日中は以前よりずっと連携が強まっています。その一方で、近さゆえに、過去の歴史を背景にした対立も際立っている。でも結果的に、相互関係が強まると、どこか似てくる側面もあるわけです。

## ▼対外危機を理由に国家を束ねる時代に

**島薗**　ただ、急いで付け加えると、弱まっている国家としての紐帯《ちゅうたい》を排外的な姿勢で取り戻そうとする動きは、東アジアに限られたことではありません。グローバルな資本主義によって国内の格差や貧困が拡大し、国民的な連帯が切り崩されていくのはほかの国々も同様で、どの国でも、民主主義を支える経済的な基盤が弱体化している。そのために、それぞれの文明圏で、国家を束ねる力を強めようとやっきになっているという状況も理解しておく必要があります。

**片山**　日中の相互関係というのは、たしかにそうですね。それは北朝鮮との関係ですら、ある意味では当てはまるようにも思います。

極論になるかもしれませんが、日本と北朝鮮は、アメリカの必要性という点で利害が一致している。

朝鮮戦争の休戦以来、北朝鮮のアイデンティティは、アメリカ帝国主義からの国家の防衛であり、それだけで国を束ね続けてきたと言っても過言ではありません。北朝鮮であれだけの無茶が通り続けるのは、アメリカと対決している非日常を彼らが生きているつもりだからでしょう。常時臨戦態勢、常時瀬戸際。それはかなりのフィクションかもしれませんが、とにかく北朝鮮は虚構を積極的に生きていて、しかもその虚構は完全な虚構ではなく、休戦ラインの向こうには「アメリカのやつら」と「アメリカの傀儡《かいらい》の韓国の軍隊」が現にいてにらみ合っているわけですから。「アメリカのやつら」というのは北朝鮮のプロパガンダ映画における長年の言い回しですが、その「やつら」がいつも眼前で対決してくれていないと、臨戦国家北朝鮮は成り立たないわけです。アメリカがアジアから撤退したら、北朝鮮が国家を束ねる基盤は失われてしまうのですね。

日本も、アメリカに見捨てられたら困るというときに、北朝鮮がミサイルを撃ってくれると、日米安保が大事だと言いやすい。アジアにはまだ冷戦時代の緊張が残っており、それをつくり出したのは米ソ対立であって、アメリカは責任ある当事者なのだ、日本を守る契約は果たしてもらわないと困ると。アメリカの共産主義化のリスクがなくなったからといって、「太平洋の反共防波堤」から勝手に手を引かれては日本の立つ瀬がないということですね。

### ▼宗教ナショナリズムという安上がりな仕掛けに頼る政治

**片山**　そう考えると、国家神道のような仕掛けを使ったり、対外危機を煽ったりするのは、それが国を束ねる安上がりな仕掛けになるからだという言い方もできると思います。北朝鮮、あるいは中国。眼前の敵の設定はアメリカを日本に引き留めるのにも有効ですが、それ以上に国民の団結をつくり出すのにも資する。

島薗先生がおっしゃるように、グローバル化に加えて、右肩下がりの状況では、民主主義を支える経済的な基盤を維持できません。つまり、分け前を国民に配れない。そうなると、安上がりな国民統合の仕掛けが必要になる。

安倍政権が、主権や国防軍、日の丸、「君が代」といったナショナルなシンボルをやたらと強調するのは「もう国は国民の面倒をみられない」という、政権の新自由主義的なスタンスと表裏の関係にあるように思うのです。

**島薗**　つまり、安倍首相の右派的な性格というのは、自民党の伝統的な保守主義とはだいぶ開きが出てきているのですね。

戦後の自民党というのは、批判もたくさんあるだろうけれど、大筋のところでは経済的利益を国民に等しく分配するような方向性を持っていた。そうすることで地方に基盤を持ち得たし、国体論的な宗教ナショナリズムに頼らず、現実的な利益を大事にした。それから、落ちこぼれになるような人を出さないようにした。

そういうエートスが今の自民党からはだいぶ弱まってしまったように思います。

## ▼消えてしまった保守のエートス

**片山** そうですね。戦後の自民党のなかには、もちろん鳩山一郎や岸信介のように、自主憲法を制定して、国体を取り戻そうとする勢力も強く存在しました。改憲が自民党の党是になっていることがなによりもの証拠です。

鳩山や岸からすると、アメリカに占領されて自分たちが公職追放されているあいだに、満州事変から日中戦争に至る時代の中で力を失っていったかつての「国際協調派」、幣原《しではら》喜重郎や吉田茂がアメリカと宜しくやって戦後憲法までつくってしまった。これは独立回復後、すぐ修正されるべきものだと鳩山や岸は考えていたし、それを支持する国民も一定数はいたのです。ですから彼らは国民の同意も簡単に取りつけられるだろうと思っていたでしょう。

ところが、あれだけの悲惨な戦争はもう二度と御免と記憶に深く刷り込んだ国民の多数派は「ノー」を突きつけたのですね。空襲と原爆に襲われた日本人は、心の底から戦争は懲り懲りだと思ったはずです。

平和憲法は押しつけ。それはそうかもしれません。でも押しつけられたかどうかという形式論よりも中身が大事であり、戦後日本人は中身を積極的にじゅうぶんな共感をもって引き受けたのです。だから護憲というと盛り上がるようになった。占領軍がつくろうが、関係ない。平和憲法こそ自分たちがこれからいちばん大切にしたい価値観なのだと。

その国民感情に、自民党も応えざるをえなかったから、党是である改憲を表立って実行できなかったのだと思います。

島薗先生がおっしゃったように、経済成長をそれなりに図りながら、福祉国家を実現し、日本人全体を幸せにする、国家の統合は壊さないように、天皇を担ぐかたちは保っておく。こういう現実主義的な保守が自民党のなかで大きな力を持っていたのですね。

## ▼一九三〇年代の「いつか来た道」をくりかえす二大政党制

**島薗**　そういう保守が消えていったのも、冷戦構造の崩壊以後の状況が関わっています。

つまり、自由主義と社会主義という対立が消え、バブル崩壊とともに、支持団体にも利益を回せなくなった。

**片山**　そのとおりです。イデオロギー対立がなくなった後、政界も学者も誰もが保守二大政党にすればうまくいくと言って、政治改革、政界再編を言い始めた。

でも政策で対立しようとしても、右肩下がりの状況では大して選択肢はありません。政党というのは民意をまとめて議論する枠組みを提供するためにあると言ってもいいのですが、保守二大政党論以降の新しい政党のかたちは、是々非々主義で現実的に、今、役に立つ政策で勝負、ということばかり言ってきましたから、思想的・根本的議論ではまったく求心力を発揮しない。

今の日本の最大野党も現実主義を掲げて「改憲」を視野に入れている政党でしょう。巨大な「護憲政党」って今の日本にはないんです。

ソ連が崩壊して中国も実質的には資本主義化してゆく。もうイデオロギーの対立の時代は終わった、現実の政策で争う時代だ。でも政策はせばまってくる。大したこともできなくなってくる。それでも二大政党だと言って党利党略が国民にみえすいてしまうかたちで争い、政治不信を喚起する。これこそ「いつか来た道」です。

島薗　一九三〇年代ですね。

片山　はい。普通選挙法が一九二五年にできてから、日本は保守二大政党の時代を迎えて、それがたちまち崩壊した。一九二九年以後の世界大恐慌期では、容易には解決不能な経済的・社会的な問題が山積していましたが、当時の日本の二大保守政党の民政党も政友会も自分たちに投票すればすぐ「チェンジ」だとさかんに言ったんですね。

しかも普通選挙で選挙人が増えた。制限選挙の買収から宣伝へと選挙戦術が変わり、「口先三寸選挙」とも言われるようになり、大げさに言う政治家がたくさん出た。そうして政敵を党利党略のために攻撃するようにしか見えない選挙を何回かくりかえしたら、その後は政治家が殺されるとみんなが喜ぶような時代にすぐなってしまったわけです。

島薗　当時は、世界大恐慌の後、満州事変があり日中戦争、南方進出、太平洋戦争というかたちで、戦争に雪崩《なだれ》込んでいきました。おそらく今の日本が、戦前のように、膨張主義を取ることはないでしょう。でも、非常事態と隣合わせであることは変わらない。それは、地震が続いていているようなものですね。

片山　戦後の自民党政治が、ある意味で幸運だったのは、一九九五年の阪神・淡路大震災まで大地震がなかったことも大きいと思います。米ソ戦争も第二次朝鮮戦争も起きなかった。つまり非日常を経験せずに済んだのですね。

しかしこれからは、国家社会の存立に関わる大地震が短期的に起きうるということを織り込んで国を束ねていかねばなりません。そこで混乱を露呈したからこそ、民主党は総スカンを食らってしまった。

だって野田首相は、災害復興や今後の防災や原発問題をどうするんだと、まだ国民の多くが固唾《かたず》を呑《の》んで見守っている時期に、ＴＰＰや消費税の話をしていましたよ。

仮に、次の大地震が起きて、自民党が災害対応に失敗したら、政党政治は死んでしまうでしょう。今ですら、もう虫の息なのですから。

**島薗**　私は、自民党を頼りにせざるをえない一方で、自民党に対する絶望もすでに広がりつつあるように思います。それが集中的にあらわれている場所が沖縄です。
一九三〇年代に地方や農民が政治に絶望し、その怒りが昭和維新というかたちであらわれた。同じように、政党政治に対する絶望が、沖縄や大阪、あるいは北海道、東北などの動きにあらわれているように感じます。

## ▼近視眼的現実主義が国を滅ぼす

片山　前章で議論したように、一九三〇年代以降、相次ぐ非常事態に対応できる強力な政治システムは、ついにつくることはできませんでした。しかしその一方で、非常事態を利用した法の拡大解釈が横行した。

たとえば戦前の治安維持法は、想定する適用対象を「あくまでも社会主義者に絞る」と公言して国会審議を通過しましたが、国家神道をおびやかす可能性があるとみなされた宗教団体にまで適用範囲を拡大しました。

一九三一年の満州事変のあとは「準戦時体制」と呼ばれ、三七年の日中戦争開戦後は「非常時」と言われて敗戦まで続きました。平時ではないという演出は、簡単にできるものなのです。

戦前の日本では戦争をしたいというイデオロギーが支配的になったことはなく、現実主義のつもりで、政策ばかり、目先のことばかり考えていったら戦争という選択肢しか残らなくなって、思想的な歯止めもついにかからなかったというふうに考えたほうがわかりやすくなると思うのです。

**島薗**　なし崩し的に戦時総動員体制になっていったということですね。

**片山**　そうです。私は憲法九条に手を付ける改憲には今は反対の立場でして、といっても理念的護憲派というよりも、改憲よりも護憲のほうが現実主義的に考えてもリスクが少ないのではないかと今のところ思っているからなのですが、しかしたとえ改憲しなくても、軍事国家には簡単にできるのではないでしょうか。

実際、憲法九条のままで、個別的自衛権しか認められない立場から集団的自衛権も認められる立場に大胆に変わった。それはもちろん、拡大解釈です。

しかし仮に個別的自衛権しか認めない状況だったとしても、拡大解釈はありうる。つまり、専守防衛で、攻撃してくるものを排除するぐらいの自衛力は持っていいとしても、状況次第で「自衛力」の解釈は変わる。もうアメリカが守ってくれないとなったとき、個別的自衛権を中国の大軍や北朝鮮の核に対して効力あらしめようとすると、とてつもない武装をしなければならなくなりますよ。正直、進むも地獄、退くも地獄なのですね。

集団的自衛権の行使を積極的に掲げて、アメリカについて行き、海外派兵もするかわりに、米軍を日本に置いておいたほうが、個別的自衛権にふみとどまって日米安保を骨抜きにして結果として自主防衛になるよりは結局は安上がりなのだ、海外で自衛隊員が多少戦死してもトータルでは安く済む勘定になるはずなのだというような話を、与党の議員は算《そろ》盤《ばん》をはじいて国会で述べていますよ。

とにかく護憲で個別的自衛権にふみとどまるということが自主防衛路線推進だとすれば、軍事研究や新兵器の開発に資金を投入し、機密保持的な法整備も着々と進める方向になってしまう。そう考えると、憲法九条と大した不整合もなく巨大な軍事国家になってしまう可能性も大いにあります。

## ▼「お言葉」から読み取れる脱神格化の訴え

**島薗**　片山さんが危惧するように、場当たり的な現実主義が日本社会を覆ってしまっている。他方で、国を束ねるために、国体論的な力を活用する動きの活発化をずっと危ないと思ってみていました。戦後に生き残った国家神道を強化する動きが急であることについて、危機感をもって注視しておくべきです。

最近では、このふたつの動きが重なり合って、政治が進んでいる。

**片山**　島薗先生の分析に同感です。

現代の日本には一九三〇年代を彷彿とさせる空気が充満しています。一九三〇年代の護憲右翼や軍部は、その明治以上に天皇の神格化を図り、非常事態の国民統合を図ろうとしました。それが今くりかえされようとしているわけです。元号法制化などでの日本会議の活躍しかり、G７の伊勢志摩開催しかり、です。そうしたタイミングで、今上天皇が退位についての「お気持ち」を語られた。それがどれほどの意味をもつのか。

じつは、「お言葉」の内容を読み解くと、革命的と言ってもよいような内容です。天皇の脱神格化を訴え、現在進行している国体論的なものの復権に歯止めをかけようとしているようにも見える。次の章では、この「お言葉」がもつ革命的な意義について、あらためて議論させてください。

# 第七章　神聖国家への回帰を防ぐために

## ▼近代日本における天皇とは何だったのか

**片山**　ここまで近代日本における天皇の役割を振り返ってきました。

「王政復古」による「近代国家」の創出というアクロバティックな逆説に始まって、「国民意識」の形成不十分なうちに、とにかく「国民もどき」をつくらねばならないという幕末維新のせっぱ詰まった状況下、言わば苦肉の策で「臣民」を考案する。

「国民意識」の足りていないときには仮に「国民の軍隊」と名乗ってみたところで、兵隊には命をかけて国を守る理屈が実感できないから、殿様や将軍の代わりに「天皇陛下のおんために」なんだということにして、「天皇の軍隊」を生み出す。戦死しても遺族を経済的に厚くフォローしきれないから、そこを補うべく、靖国神社に神として祀って、名誉を与え、「天皇陛下も参拝なさいますから」と言って、遺族感情を宥《なだ》める。

近代日本は経済の仕掛けとしては西洋流の「弱肉強食型」の資本主義を選択しますが、そうすると必然的に貧富の差が生まれ、放置すると国のまとまりが壊れるので、福祉政策を導入して、階級の和を保たせないといけない。しかし、福祉のための元手の蓄積が追いつかないから、「皇恩」とか「恩賜」とかで、みもふたもない言い方をすると金額の少ないところを天皇・皇族の権威で下駄を履かせて大きく立派に見せてごまかす。

そうやって「国民あっての国」といった理屈よりも、「天皇あっての国」という理屈を先行させて国をまとめる演出プランで明治・大正とずっとやってきたら、昭和になるとも う修正が利かず、看板に自縄自縛されて「国体護持」のためには「一億玉砕」しても当たり前という思想が大手を振ってまかり通った。「近代的国家理性喪失状態」と言ってよい破滅的状況に至った。

この過ちをくりかえしませんということで、今度は「天皇のための国民」ではなく「国民のための天皇」にして、「現人神としての天皇陛下のおんために身を捧げる」理屈を封印するというのが戦後憲法と「象徴天皇制」のプロジェクトだったと思うのです。

**島薗** はい、そこがやはり肝心です。

さて、それが現在、どちらの方向に向かおうとしているのか。最後にもう一度、今上天皇の「お言葉」について考えてみましょう。

## ▼「生前退位」は「国体」を脅かすと言う右派論者

**島薗** 巻末に掲載した「お言葉」全体を見てもわかるように、それ自体は、「退位」や

「譲位」という具体的な表現はありません。しかし、退位の意思を強くにじませたものであることは明らかです。

この対談の冒頭で片山さんが説明なさったように、いわゆる右派の論者たちが当初から退位に反対をしていました。「お言葉」の表明のあと、間もない「朝日新聞」（二〇一六年九月一〇日付）を見ると、あの日本会議の代表委員で、外交評論家の加瀬英明氏の言葉があります。

「畏れ多くも、陛下はご存在自体が尊いというお役目を理解されていないのではないか」、そしてまた、「天皇が『個人』の思いを国民に直接呼びかけ、法律が変わることは、あってはならない」と。

同じ記事のなかでは、やはり日本会議の関係者である櫻井よしこ氏のこんな発言が紹介されています。「天照大神の子孫の神々様から始まり、神武天皇が即位なさって、神話が国になったのが日本だ。その中で皇室は重要な役割を果たしてきた」。神聖国家であることが、日本の本来の姿だというわけです。

**片山**　神話をもとに政治を語る。戦後の政治と社会の本流が注意深く退けようとしてきた考え方がすっかりよみがえっているのですね。潮目が変わって、戦前の本流で戦後は傍流であったものが、再び本流に戻りつつある。

いや、「お言葉」への対応策を考える政府の有識者会議のヒヤリングに招かれた一六名の専門家のうち半数近くが日本会議に関わる人々だったのですから、「戦前の思想」が本流に返り咲きつつあるのではなく、もうすでに返り咲いていると形容したほうがより正確かもしれません。

**島薗**　天皇の神聖性を強調し、神聖な天皇であるがゆえに生前退位は許されないという論は、東大名誉教授の小堀桂一郎氏にも見られます。彼は「産経新聞」の取材に対して、こう答えています。「天皇の生前御退位を可とする如き前例を今敢《あ》えて作る事は、事実上の国体の破壊に繋《つな》がるのではないかとの危惧は深刻である。（略）摂政の冊立を以て切り抜けるのが最善だ」（二〇一六年七月一六日付）。

戦前の国体論が国家神道と不可分の関係にあり、神的な由来をもつ神聖天皇への崇敬を求めるものだったことを思い起こせば、こうした文脈で「国体」が、宗教的な意味を含んで語られていることは明らかです。つまり、神話的な始原に遡る神的天皇という宗教的観念です。生前退位を認めないと主張する論者たちは、生前退位が天皇の神聖性を脅かすという理由に重きを置き、そう主張しているのです。

彼らは戦後の天皇がその神聖性を薄めて、国民とともにある人間君主であることが、まちがったことだと考えているのです。

**片山**　有識者会議のヒヤリングで櫻井氏が「求められる最重要のことは、祭祀を大切にしてくださるという御心の一点に尽きる」と述べたことと一致しますね。

**島薗**　そうです。彼らの主張は、尊い「国体」を護るという神聖国家の信念に基づいていますす。ただ、祭祀を大切にするのが伝統だと言っても、戦前期にあった一三の皇室祭祀のうち一一は明治期につくられたものです。つまり新しい伝統をフィクションとして創造した「上からのナショナリズム」です。

だから、彼らは、天皇が同じ人間として国民とともに歩んでいこうとする象徴天皇制のあり方に反対しているのです。つまり、宗教的な国家観が根底にある。それが立憲主義を脅かすものではないかどうかが問われてしかるべきなのです。

## ▼人間としての弱さをもつ天皇だからこその存在意義

**島薗**　一方、今上天皇の「お気持ち」の表明は、神聖な天皇としてではなく、人間天皇として人々に語りかけるという姿勢が貫かれたものでしたね。まずは、一人の人間として語るというお考えをよく示す言葉を拾ってみましょう。
たとえば陛下は、「私が個人として、これまでに考えて来たことを話したいと思います」と語っておられる。「個人として」という言葉と同様、ひとりの人間としての自覚に基づくのは「自分」、「自ら」という言葉も出てきます。

**片山**　「天皇としての自らの歩みを振り返るとともに、この先の自分の在り方や務めにつき、思いを致すようになりました」という一節ですね。

**島薗**　「自らの歩み」、「自分の在り方」という表現に対応する表現として、「身を処す」という言葉も見られます。「どのように身を処していくことが、国にとり、国民にとり、また、私のあとを歩む皇族にとり良いことであるかにつき、考えるようになりました」という箇所です。

このように今上天皇がひとりの人間としてのお考え（「お気持ち」）を示しておられることは、この「お気持ち」表明において、高齢による身体的な弱さにくりかえし触れておられることとも深く関わっています。二度の外科手術などにも言及された。さらにまた、天皇の死後、二ヵ月にわたって続く殯《もがり》の行事や一年間続く葬儀関連の行事にもふれ、「残される家族は、非常に厳しい状況下に置かれざるを得ません」とも述べておられる。残される家族には後継の天皇も含まれるわけですが、ここでは、人間としての天皇の弱さがくりかえし言及され、その人間としての弱さがじゅうぶんに考慮されるべきだとおっしゃっている。

**片山**　人間だからこその弱さや限界を強調しておられるのですね。

**島薗**　人間の弱さや限界を認めているというところに、むしろ「お言葉」の意義があるのです。天皇が人間であり、弱い存在であるからこそ、いちばん弱く苦しんでいる人々と共にいることができる。それは「国民と共にある」自覚に触れておられることに表れていて、象徴天皇というあり方を天皇と国民との相互関係として捉えようとする姿勢が反映しています。つまり、「神聖な天皇」ではなく「人間天皇」として語るとのご意思なのだと思うのです。

**片山**　「天皇が国民に、天皇という象徴の立場への理解を求めると共に、天皇もまた、自らのありように深く心し、国民に対する理解を深め、常に国民と共にある自覚を自らの内に育てる必要を感じて来ました」というくだりですね。

**島薗**　はい。そのうえ、最後に今一度、「どのような時にも国民と共にあり」と述べておられることも印象的です。

## ▼今上天皇は象徴天皇制についての最大の思想家

**島薗**　その一方で、「国民の安寧と幸せを祈る」というように、「象徴天皇の立場」や「務め」に宗教的次元があることも認めておられる。

とはいえ、櫻井氏の発言にあるような「求められる最重要のことは、祭祀を大切にしてくださるという御心の一点に尽きる」という考え方とは相当に違うものです。ここでの宗教的な次元とは、宮中祭祀だけでなく、「時として人々の傍らに立ち、その声に耳を傾け、思いに寄り添うこと」も含んだものとして、考えておられる。そういうふうに読めるわけです。

そしてまた全国への旅の経験を強調され、「その地域を愛し、その共同体を地道に支える市井の人々のあること」の認識、その認識をもって祈るということに力点を置かれている。

しかも、そうした旅と祈りの経験を「人々への深い信頼と敬愛をもってなし得た」、そしてそれが幸せなことだったとも述べておられる。さらに重要なのは、「信頼と敬愛」が相互的なことです。お言葉での文脈では天皇から人々への「信頼と敬愛」として語られている。もちろん、人々から天皇への「信頼と敬愛」を前提としているでしょうから、ここでの「信頼と敬愛」は相互的だと言っていい。

そこには現代世界にふさわしい倫理的自覚も反映しているのです。

**片山**　人々から天皇への「信頼と敬愛」を強制しているわけではないということですね。

**島薗**　そうです。

天皇を神聖な存在であると位置づけるということは、天皇が国民と相互的な関係にはなりえない存在である、ということになりますよね。国体論の前提に立てば、そのような天皇のあり方に帰結するのです。右派の知識人はそう考えています。たとえば、加地伸行氏（大阪大学名誉教授）は右派系論壇誌でこのような意見を述べています。

「両陛下は、可能なかぎり、皇居奥深くにおられることを第一とし、国民の前にお出ましにならないことである。（略）〈開かれた皇室〉という〈怪しげな民主主義〉に寄られることなく〈閉ざされた皇室〉としてましましていただきたいのである。そうすれば、おそらく御負担は本質的に激減することであろう」（『Ｗｉ Ｌ Ｌ』二〇一六年九月号）。

これは人間として「国民と共に」あることが象徴天皇のあり方だとする今上天皇とはまったく異なる考え方なのです。

ここで鍵になるのは、憲法に定められている象徴天皇制は、「人間天皇」を前提としているということです。

人間であれば限界がある。限界があるならば、生前に退位するという制度が必要だ。つまり、生前退位を認めない現行の皇室典範は象徴天皇制に合致していないのです。

その矛盾を全存在で受け止めざるをえないのが今上天皇であり、だからこそ、その矛盾を確認する意味の「お気持ち」を表明されたのでしょう。

**片山**　キリスト教の神には限界はないのでしょうが、日本の神々は日本神話を読めば一目瞭然で、悩み苦しみ、怒り悲しみ、まさに限界だらけです。そんな神がさらに人になる。ただ人として限界のなかに生き、それでも国民と共感共苦し、その姿を赤裸々に示すことによって、人間天皇がいてくれるとこの国は違うと、国民に認めてもらう。それが戦後民主主義下での天皇の生きる道である。

そのことは昭和天皇が深く承知し、戦後初期に巡幸等の具体的な行動によって示し、今上天皇に受け継がれたものでしょう。今上天皇の旅にこだわるダイナミズムですね。「行動主義的象徴天皇像」と呼んでもよい。そういう姿を不断に国民に見せることによって、国民とのあいだに愛し愛される相互的信頼関係を育み、神ではない生身の人間としての象徴天皇を認める国民の総意が不断に形成されてゆく。そういう考え方ですね。

昭和天皇は特に崩御と「大喪の礼」という圧倒的かつ神秘的なドラマの展開によって、神のほうへと、少なくとも私個人の印象ではだいぶん戻られたところもありますが、今上天皇はそこを避けたいとも思われているのでしょう。だからこその「生前退位」ということもあるのでしょう。

それでこそ民主主義的象徴天皇像がより徹底される。神秘性の入り込む余地が最小化してくる。象徴天皇のありようについて、ここまで詰めた人は他にいないでしょう。今上天皇は象徴天皇についての最大の思想家ですね。父である昭和天皇の未完に終わったとも言える「人間宣言」を、ほとんど原理主義的とも言える苛烈さと言いますか、極めて倫理的に厳しく貫徹しようとすると、「お言葉」になる。当たりは柔らかいけれども内容は強烈です。

**島薗**　天皇が天皇という制度について意見を述べることは憲法違反である、という考えを表明する論者もいます。左派にも右派にも両方いる。しかしながら、そうした矛盾を解こうという意思や発言は、むしろ日本国憲法にそった行為だったと捉えるべきなのです。

それはまた、「共にある」姿勢での祈りと相互的であるべき人間としての倫理性の自覚を踏まえたものとも受け取りうるものだと私は考えています。

これと大きく関連して、もうひとつ考えるべきは、民主主義の基盤に宗教的な次元がじつは欠かせないという問題です。共感や連帯感なしに人々が社会の問題に取り組むことはできません。他者に継続的に想いを寄せ、関与していく姿勢は、宗教的な基盤から生まれてくることが多いのです。もちろん、特定の宗教に政治が肩入れをすることは危険ですし、神聖国家としての戦前日本の失敗をくりかえすべきではありません。

あくまで人間として他者のために祈るという天皇のあり方が、ぎりぎりのところで、成立が難しくなってきた民主主義を支えつつ、神聖国家への回帰を防ぐ防波堤の役割を果たしているのです。

## ▼昭和天皇の「人間宣言」を引き継いだ今上天皇

**片山**　昭和天皇の戦後初期の行動も思いだされてよいでしょう。「人間宣言」をした昭和天皇は背広姿で、時には吹きっさらしに立ち、髪の乱れるのにも構わず、帽子をとって国民に手を振り続けた。先例を破って一般国民の至近まで寄っていった。そうやって等身大の人間天皇の姿を国民の視線にさらした。

そういうパフォーマンスだけではありません。日本に民主主義を根付かせようと、政治家に内々に意見を伝えるべく、秘密の使者を遣わしたりもした。マッカーサーにも同じことをした。つまり民主主義時代の象徴天皇は民主主義を促進し、あるいは擁護するためには身命を賭するものだという覚悟が、昭和天皇から今上天皇へと受け継がれていると思うのです。

**島薗**　ここでただ今話題に出ている、戦後すぐに表明されたもうひとつの「天皇のお言葉」を参照したいと思います。いわゆる「天皇の人間宣言」とよばれる文書です。

これは、一九四六年一月一日に官報により発布された昭和天皇の詔書で、「新日本建設に関する詔書」とも呼びならわされてきたものです。一〇〇〇字近くに及ぶ長い文章のうち、「天皇の人間宣言」にあたる核心部分を取り出してみましょう。

惟《おも》フニ長キニ亘《わた》レル戦争ノ敗北ニ終リタル結果、我国民ハ動《やや》モスレバ焦躁ニ流レ、失意ノ淵ニ沈淪《ちんりん》セントスルノ傾キアリ。詭激《きげき》ノ風漸《ようや》ク長ジテ道義ノ念頗《すこぶ》ル衰へ、為ニ思想混乱ノ兆アルハ洵《まこと》ニ深憂ニ堪ヘズ。

然レドモ朕ハ爾等《なんじら》国民ト共ニ在リ、常ニ利害ヲ同ジウシ休戚ヲ分タント欲ス。朕ト爾等国民トノ間ノ紐帯ハ、終始相互ノ信頼ト敬愛トニ依リテ結バレ、単ナル神話ト伝説トニ依リテ生ゼルモノニ非《あら》ズ。天皇ヲ以テ現御神《あきつみかみ》トシ、且日本国民ヲ以テ他ノ民族ニ優越セル民族ニシテ、延《ひい》テ世界ヲ支配スベキ運命ヲ有ストノ架空ナル観念ニ基クモノニモ非ズ。

「国民と共にあり」とか「信頼と敬愛」という表現が、七〇年と七ヵ月の後の二〇一六年八月八日の今上天皇のお言葉と重なりあっているのは偶然ではないでしょう。「お気持ち」表明のなかで、「象徴としての務め」など「象徴」という語を八回も用いられた今上天皇にとって、「人間宣言」のなかのこうした表現が、戦後の象徴天皇制の規範をよく示すものと受け止められたからでしょう。

**片山**　そのとおりだと思います。

**島薗**　ここで、「新日本建設に関する詔書」が出された経緯について重ねられてきた歴史研究の成果についても少々触れておきたいのですが。

**片山**　ぜひお願いします。

**島薗**　大きくわけて、GHQ側のイニシアティブを強調している研究と、天皇と日本政府側のイニシアティブを強調している研究とふたつの潮流があるのですが、天皇と日本政府側のイニシアティブを強調する研究者たちが依拠する主要な資料のひとつが、首相だった幣原喜重郎の回想をまとめたものです。少し長くなりますが、紹介します。

昭和二十年の晩秋、幣原首相が陛下に拝謁すると（中略）「昔ある天皇（後水尾天皇、在位一六一一～二九年＝島薗注）」が御病気に罹《かか》られた。天皇御自身が医者を呼んで来いと仰言ると、宮中の連中が、とんでもないことです。天皇は神様でゐらつしやる。それを医者のやうな怪しからぬ者が玉体に触れるといふことは絶対にいけませんと言つて、とうとう呼ばなかつた。その結果、医者は見ないし、飲む薬は飲まれず、みすみす病気が悪化して亡くなられたといふことがあつたさうだ。とんでもないことじやないか。」と仰言つて、暗に天皇の神格化を是正しなければ、民主主義日本の天皇にはなれないといふことを暗示遊ばされたのである。幣原は深く恐懼《きょうく》感激し、「国民が陛下に対し奉り、あまりの神格化扱ひを致すものでありますから、今回のやうに軍部がこれを悪用致しまして、こんな戦争をやつて遂に国を滅ぼしてしまつたのであります。この際これを是正し、改めるように致さねばなりません。」と申上げると、陛下には静かに肯《うなず》かれ、「昭和二十一年の新春には一つさういふ意味の詔勅を出したいものだ。」と仰せ出された。

（『幣原喜重郎』幣原平和財団編集兼発行、一九五五年）

もちろん、実際にはGHQの意向を察知し、それにそって「新日本建設に関する詔書」がまとめられたという側面も無視できません。

もうひとつ注意を向けなくてはならないのは、「日本人は神の子孫であるというのは架空の観念である」という趣旨の草案を、「天皇が現人神であるというのは架空の観念である」と修正された点です。これは天皇の側近の意向だったとも言われていますが、昭和天皇の人間宣言は、国体論と民主主義が両立するような構成になっているのです。

けれども、昭和天皇が軍部等による「天皇の神格化」から脱することが重要だと考えており、その意思を表明することに積極的に同意したというのは重要な歴史的事実なのです。

ですから、一九四五年に始まり、なおも追求されるべきなのは、「神権的国体論」と不可分だった天皇制から、民主主義に合致する「象徴天皇制」への転換です。

明治憲法は、立憲主義を掲げながら、同時に「神権的国体論」が埋め込まれたものでした。この方向に日本を引き戻そうとする考え方は一定の勢力を有しています。日本会議や神道政治連盟などの形をとって国政にも大きな影響力を保持しているでしょう。このように見るとき、今上天皇が「象徴」という言葉をくりかえし用いられていることの意味の重さが、よりよく理解できるはずなのです。

**片山**　そこで問題になるのは「神権的国体論」を奉じる勢力の歴史観ですね。

今上天皇の「お言葉」の前提には、昭和天皇の「人間宣言」や戦後憲法とは敗戦を経たこの国が自ら真摯に選びとった究極の原理であるという思想があるかと思われます。しかし、「神権的国体論者」の方はおそらくそうではない。「人間宣言」や戦後憲法は占領時代をやりすごすための方便としてのかりそめのものに過ぎないと考えている。修正するまではかりそめの幻影の時代が続いているということですね。

## ▼水平的な天皇像VS.垂直的な天皇像

**片山**　私も昭和天皇の「人間宣言」と今上天皇の「お言葉」のつながりに注目していました。今上天皇の「お言葉」にある「人々への深い信頼と敬愛」は、昭和天皇の人間宣言のなかにあった神的な要素をさらに解除するものだったと思います。つまり、戦前の「天皇と臣民」のような垂直的な関係ではなく、相互の信頼と敬愛にもとづいた水平的な関係が象徴天皇制であり、そのもとでの民主主義なんだということが語られていました。

しかし、「それでは国体を護持できない」と復古主義者は言う。その人々が現政権の支持勢力となっている。

結局、天皇の政治的なイメージは、次のふたつに収斂《しゅうれん》されてきます。

国民と水平的な関係を結ぶ天皇像というのは、基本的に自分の意思を表明せず、民の意見に耳を傾けてまとめていくような天皇です。天皇自身は何も決めない。祈ったり、人々の苦しみ、悲しみに共感したり、あるいは、みんなの意見を聞く。こちらが民主主義に適合するような天皇像です。

ただ、これもゆきすぎると、現状肯定主義に陥っていく。「ありのままの日本が素晴らしい」といった日本の特殊性を強調し、「神の国・日本」というようなかたちにもなりかねない。だから社会と水平的な関係を結ぶ天皇像も、神格化と無縁ではないことに注意しなくてはなりませんが。

さて、もう一方の天皇像というのは、儒教的な価値の最高の実現者としての天皇です。こちらは、下々の人間がよく勉強して「君主たる者はこう考えるべきだ」ということがわかれば、天皇になったつもりで物事を決められる。

このふたつの天皇像の違いは、議会的か官僚的かという違いとも言えるかもしれません。大正末期から戦時期にかけて「新官僚」や「革新官僚」の思想的指導者と言われ、「終戦の詔書」にも赤字を入れた安岡正篤《まさひろ》という人がいます。彼は儒学的右翼思想家という呼び方をしてもよいと思いますが、彼は官僚たちに天皇の意思を「徹見」することが大切と説きました。儒学を学べば見えないものが見えてくる。「聖断」が具体的になくても「聖慮」がわかってくる。その「徹見」した「聖慮」を信じて突き進めばよい。それが天皇の国の官僚の道だということです。

**島薗**　なるほど。儒教的な天皇像が強く出ると、天皇の権威を借りる政治家や官僚が、天皇の意思を代弁するかたちで、自分にとって都合のいい政治をしますからね。

**片山**　ええ。まさに官僚主体の行政国家のイメージです。

　今上天皇は、神格化を拒むかたちで、水平的な天皇像を象徴天皇と考えています。だから民主主義と調和的なのですが、問題は、今上天皇の「お気持ち」を汲《く》んで、平和憲法と戦後民主主義を守るような政党が見当たらないことです。

**島薗**　そこには知識人の見通しの甘さも関わっています。戦後民主主義にコミットした知識人は、総じて天皇制批判をくりかえしてきました。まさか天皇自身が、平和憲法や戦後民主主義の防波堤になるとは想像だにしなかったでしょう。

**片山**　まったくです。

## ▼資本主義の限界で起きた民主主義の失墜

**片山**　私はどうしてもここで先の議論で触れた水戸学の会沢正志斎の『時務策』を思い出してしまいます。

彼は、本当は尊皇攘夷が正しいのだけれども、実際問題として西洋列強と日本では力の差が歴然としすぎていて攘夷は今のところ不可能なので、攘夷ができる実力が日本につくまで、方便として開国し、仮の時代を堪え忍ぼうと言ったわけでしょう。時の宜しきを得たところで、改めて攘夷しようと言ったわけでしょう。

それとおそらく同じなのです。水戸学にとっての無念の開国は、「神権的国体論者」にとっては対米敗戦です。

と言っても、「神権的国体論者」はアメリカと再び戦争をして勝ちたいのではないでしょう。そうではなくて、対外的にはアメリカと対等になりたい。双務的なパートナーシップを交わして、属国的地位を脱する。属国から脱すれば対内的には戦争に負けてアメリカに占領されていじられた部分、天皇や憲法のありようを、アメリカに文句を言わせず「どうだ、参ったか」と変えられるはずだ。負ける前に戻すのだ。これが正しいと思っているのでしょう。

この理屈は一昔前なら時代錯誤とかファナティックとかマスコミか何かが一言二言いえばへこまされた。戦後民主主義の理念が自明のものとされるほどの自信に満ちていた時代はそうだった。その頃の「神権的国体論者」は必敗のロマンティシズムを生きていた。「少数者の栄光」に身を捧げ、陶酔し、滅びていった。

しかし、戦後民主主義は自信喪失状態に陥ってきた。なぜかと言うと、けっこう簡単な話です。政治は結果責任と言われます。結果が出なければ、どんなに為政者が優れているはずの人でも、政治の仕組みが至れり尽くせりのはずのモノでも、石を投げられて退場させられるのです。そのなかで、近代民主主義は上手にやってきたと思います。政治形式の歴史でも、最終形、完成形のように思われてきました。

けれど、実は脆弱と言えば脆弱です。近代民主主義発達史は近代資本主義発達史と並走しています。つまり政治に参加して議論して民意をみんなで形成する苦労を重ねれば重ねるほど、好況不況の波はあるにせよ、経済も右肩上がりで成長してきた。民主主義がベストという価値観は資本主義の成長とセットになってきたがゆえにもってきたのです。

ところが先進資本主義国は軒並み、日本も含めて、成長モデルを使い果たしてしまった。今まで成長の方法の選択として機能してきた民主主義が、何を選択してもよい結果がでない時代に投げ込まれた。つまり民主主義が結果を出せない政治形式として感じられはじめたのが当世だと思うのです。まさかの失墜です。

ここに民主主義を最適と喧伝《けんでん》してきた近代への不信が巻きおこり、反近代主義の復活も用意されるでしょう。「神権的国体論」も表立ってよみがえるのです。

### ▼「静かな全体主義」の進行

**島薗**　片山さんがおっしゃることはよくわかります。

戦後民主主義が自信喪失状態に陥っている背景には、たしかに現実の社会経済的な変化があります。戦前の日本が世界大恐慌によって迷走し、「もたざる国」であったからこそ国体論にしがみつき、玉砕に走った。経済成長が限界に達したと言われる今、戦前と似た道をわれわれの社会が歩んでいるように見えます。

しかし経済成長の限界という問題だけでなく、そこには知識人の責任もやはり大きくあるのではないでしょうか。象徴天皇制と民主主義や立憲主義の関わりを明確にして国体論の復権を許さないような政治思想の構築が、戦後のリベラル側には不十分だった。

**片山**　戦前と戦後の思想状況を比べると、右翼の側を見ても、大正時代から昭和初期にかけての右翼のほうが、もちろん彼らは歴史に対しては責任を有していると思いますが、思想的にはたいへん豊かな広がりを有していたと思います。

たとえば、大川周明の「東西対抗史観」や石原莞爾の「世界最終戦論」は、ハンチントンの「文明の衝突」などよりもはるかに示唆的なヴィジョンを示していますし、権藤成卿の自治主義や橘孝三郎の農村論は、肥大しすぎ、ついに地球温暖化まで招いた現代文明への警鐘として、現在も有効でしょう。普遍的な思考をしようとしていたし、多様性もあった。もちろんトンデモ思想家もたくさんいましたけれども。

翻って戦後の右翼は、社会主義に対して「国体を護持する」と言うのに精一杯で、現状を打破するような思想性を生み出せないまま、ずるずる来てしまった。大正・昭和初期の右翼的思想世界の圧倒的広がりと、現在のネット上で右翼と称されているものの言論の中身を比べると、なぜ同じ右翼なのか理解しがたいほどです。

かつての右翼には現在の状況に対して失われた過去を対置して新たな選択を迫る思考の

パターンが広くあって、しかも虐げられているものの側に立つ姿勢が強かったのです。つまり日本の農民やアジアの民衆ですけれど、彼らの側に立って強きを挫《くじ》く。まるで任俠《にんきょう》映画なんです。今、右翼と称されるものはその逆に逆にと来ているような気がします。

**島薗**　おっしゃるように、大正時代にはたしかに普遍性と多様性をともに尊び、それをなんとか両立させようとする知識人や思想家が少なからずいました。朝鮮の独立運動を擁護した吉野作造や民芸運動を創始した柳宗悦などはその典型です。

**片山**　大正時代に左右を問わず、スケールの大きな思想が開花したことと、「天皇機関説」が通説になったことは無関係ではありません。一定の制約はあるけれども、はるかに自由に物が言える時代になった。

それを思えば、戦後はもっと構想力豊かな思想が出てきてもおかしくはないはずなのに、やはり現実世界の複雑怪奇さの進展についてゆけなくなったのか、小さなムラ社会での議論に終始して、思想・哲学・知識人なんて言葉が現実世界に対しては死語と化してしまっているような印象さえあります。

そうこうしているうちに、非常事態の時代がやってきて、近視眼的な現実主義が幅を利かせてしまった。非常事態には、社会管理能力が強化されやすい。それを後押しするような情報技術も発達しています。イメージとしては「大広告代理店＋共産圏の秘密警察」とでも言えばいいでしょうか。

そこに私は、二一世紀的な全体主義を感じます。ヒトラーのように顔の見える独裁者がいるのではなく、雰囲気や言語でやんわり包み込むようなかたちで、いつのまにか同調圧力にがんじがらめにされてしまう。すでに多くのマスコミが、自主規制に傾いているという話もよく聞きます。

**島薗**　その点はまったく同感です。今上天皇が戦後民主主義の防波堤になっているがゆえに、天皇を神格化していくような全体主義をあまり考えないですんでいる。むしろ片山さんがおっしゃるように、官僚や官僚制的組織をもつ企業が粛々と管理社会をつくり上げていく「静かな全体主義」です。ただ、その防波堤が盤石かどうかはわかりません。

## ▼オルタナティブな現実主義の構想を

**片山**　では、こうした近視眼的な現実主義や静かな全体主義に対抗するためにはどうすればいいか。
ひとつには、オルタナティブな現実主義を構想することです。

日米安保を優先する思考が本当に現実的なのか。日中や日露を込みにした新しい安全保障環境を構築しつつ、平和主義の理想を世界に宣伝したほうがコストも少なく尊敬される国になりうるのではないか。

あるいは、福祉国家から撤退して貧富の差を広げたら、社会が乱れ、かえって統治のコスト、治安維持のコストが膨大化するのではないか。

現実主義の名のもとに進められている一つひとつの政策に対して、理想主義をぶつけるだけでなく、戦後民主主義の普遍的価値を擁護しながら、その現実的な有効性を説明しなければなりません。

**島薗**　おっしゃることはよくわかりますし、私も賛成です。しかしそれでも、課題は残ります。これまでの対談でも片山さんがたびたび指摘してきたように、現代の国家は、民主主義が求める見返りをもう国民に配れなくなっているわけです。

そもそも近代民主主義は、総力戦の必要性から正当化されてきた歴史を持ちます。あるいは資本主義を効率よく成長させるシステムとしてもすぐれていた。ですから近代民主主義というのは、国民国家を維持することを前提としたシステムなのですね。

ところがもう世界的に、国民国家というシステムの賞味期限が切れかかっている。戦争も総力戦体制の時代ではないし、資本主義も一国の経済政策で舵取《かじと》りできない。政府よりも、グローバル企業の意思が世界経済を左右する。

こうした時代状況を考えると、私たちは国民国家にとどまらない連帯のあり方を構想する必要があるのではないでしょうか。

**片山**　近代日本で、国家を超えた連帯が模索されたのもやはり大正デモクラシーの時代です。たとえば大正教養主義では、「普遍への到達」ということがしきりに言われました。ここで言う普遍とは、民族を超えるような人類や抽象的人間一般のことです。だから哲学で言うと、普遍的な道徳を論証するようなカントが、当時の必読図書でした。朝永《ともなが》振一郎の父である朝永三十郎のようなカント学者の出た時代でもあります。

その背景には、第一次世界大戦後の国際協調路線もあったでしょう。しかし世界大恐慌が起き、ブロック経済が進むと、大正教養主義はお花畑のような思想として打ち捨てられていきます。

もちろん島薗先生がおっしゃるように、もう国民国家で束ねることが難しい時代になっている。そう考えると、大正教養主義のお花畑ではいけないけれど、国の枠組みを離れた信頼や連帯を構想する必要性はもちろんあると思います。

ただ、現実はむしろ逆行して、どの国も引きこもりがちになり、ＥＵも存続できるかどうかの危機が続いています。

## ▼「慰霊の旅」に見えるかすかな希望

**島薗**　私は学生時代に、大正教養主義批判の影響を強く受けているのです。大正教養主義で言う「普遍」は、しょせん西洋的な普遍だろうと。片山さんが「お花畑」というように、観念的で地に足がついていない。そういう普遍では、現実の連帯は難しいというのはそのとおりです。

その一方で、大正のアジア主義の思想家は、現実性が備わっている例がありました。東洋やアジアの精神文化を尊び、共有しながら、西洋の暴力に抵抗していく。個と人類が結びつくような観念的な思想に比べれば、はるかに説得力がありました。

**片山**　しかし、どうしてもそこに万世一系の天皇をいただく日本中心主義が入ってしまう。それを乗り越えることができなかったために、理想主義は容易に現実主義に呑み込まれ「大東亜共栄圏」の六文字に吸収されてしまったわけです。

**島薗**　そうですね。じゃあ、その矛盾をどのように現在、乗り越えることができるか。現実には、隣国である中国も韓国も反日意識が強い。日本国内も、嫌韓や嫌中を喧伝《けんでん》するような団体の存在感が強まっている。そこで国家を超えた連帯と言っても、いまやお花畑に聞こえてしまうかもしれません。

ですが、私は今上天皇の「慰霊の旅」にひとつの希望を感じています。今上天皇と皇后は、広島、長崎、硫黄島《いおうとう》、サイパン、パラオ、フィリピンなどを訪れ、戦没者の慰霊のために祈っています。この祈りは、国民のみならず、世界の人々のあいだに信頼と敬愛を育てるための祈りです。これを天皇は、象徴天皇の務めだと考えている。だとすれば、平和憲法や戦後民主主義という理念も、一国に留めていいものではありません。

国民国家の前提が崩れている今の時代は、別の言い方をすれば、国を超えた課題が山積する時代でもあります。たとえば本土と沖縄という課題は、中国と台湾、韓国と北朝鮮がもつ課題とも通底しています。そういった課題を民衆が共有し、国民国家あるいは主権国家という近代的な枠組みにとらわれず、望ましい着地点を模索していく。そういったことまでふくめて、戦後民主主義の理念を高めていく必要があると思うのです。

## ▼「尊皇攘夷」の復活に抵抗する今上天皇

**片山**　大正デモクラシーの時代に、大正教養主義もアジア主義も、ずいぶんかたちは違いますが、それぞれに国家を超えて人間同士の新たな連帯を紡ごうとする思想が展開されました。大正デモクラシーをそのようなものと考え、その延長とも言える戦後民主主義にも当然国家を超えてゆく種が仕込まれているとしましょう。とすると、戦後民主主義はそろそろ用済みなのでは決してない。むしろ未完であって、これから今の時代に見合う変容を遂げてこそ、本当の真価を発揮するのかもしれません。

時代が変わったから戦後民主主義を捨ててしまおうというのではない。象徴天皇が国を超えた祈りを求めるように、戦後民主主義もまた国を超えた連帯まで視野に入れなくてはならない。

しかし、それが「国際資本主義」の詐術にからめとられて、弱き自国民を見捨てて、移民などに頼ればまだまだ人件費を節減できて儲けが出るんだというほうの議論に導かれてもいけない。みんながよりよく少しでも平和に食べていける世の中。これまでの繁栄のストックを使いながら、多少レベルが下がっても、無理をせずに生きていける世の中。国民がナショナリスティックに閉じこもりすぎず、かと言って国を開きすぎて自国民を解体してしまうのでもない。中間の落としどころを探す。そこにはフランス革命で言うところの

「友愛」や今上天皇の行われているところの「ふれあい」のような価値を前面に立ててゆくことが必要でしょう。

**島薗**　そのためにも、天皇の「お言葉」を真摯に受け止めて、私たちは平和憲法や戦後民主主義の理念を鍛えなおしていかなければなりません。それが「明治の魔法」と「アメリカの魔法」をともに解除することでもあるはずです。

**片山**　ええ、このままでは会沢正志斎の予言は二度当たったということになりかねません。一度めはアジア全域での攘夷再開を夢見た「大東亜戦争」であり、二度めは「神権的国体」「尊皇国家」の復活を夢見るただ今のこの国の風潮です。それに抵抗しているのが、戦後民主主義的象徴天皇像を突き詰めてこられた今上天皇その人であるように見えるところに、日本近代の壮大な悲喜劇があるのではないでしょうか。

時代はついに来るところまで来た。象徴か、神秘か。近代か、反近代か。国民の天皇か、天皇の国民か。明治憲法のほうに戻ってゆくのか、戦後民主主義的天皇像を徹底するのか。相対するヴィジョンの正面衝突がまき起こす「最後の聖戦」の幕はすでに切って落とされているのです。

# 対談を終えて

# 「神聖か、象徴か」――今、なぜ問うのか？

島薗　進

天皇とは崇敬すべき神聖な存在なのか、信頼と敬愛を抱くのがふさわしい国民統合の象徴なのか。明治維新から間もなく一五〇年を迎えようとしている夏に、今上天皇が退位の意思をにじませる「お言葉」を発表されたその衝撃が落ち着いてくるにつれ、私たちが「神聖か、象徴か」という問いに向き合っていることが明白になってきました。

これまで一般には、「神聖か、象徴か」という問題は、とうにけりがついているかのように考えられてきました。言うまでもなく日本国憲法は天皇を「国民統合の象徴」と規定しています。明治憲法（大日本帝国憲法）にあった「神聖不可侵」という規定（第三条「天皇ハ神聖ニシテ侵スヘカラス」）は消えています。

では、今なぜ、こうして対談を重ねて一冊の本にしなくてはならないほど「神聖か、象徴か」という問いが重要なのかと言えば、それにはいくつか理由があります。

第一の理由は、この数年のあいだに急激に見えやすくなった宗教ナショナリズムの台頭です。二〇一二年に第二次安倍晋三内閣が成立し、日本会議国会議員懇談会や神道政治連盟国会議員懇談会に属する人が閣僚の大部分という時代になりました。日本会議や神道政治連盟は、万世一系の神聖な天皇を仰ぐ「国体」という戦前の理想を重要視し、現代によみがえらせようとしています。つまり、「神聖な天皇」を「国体」の中心に掲げることで、国家の威信を高め、権威主義的な体制を強化する――このようなヴィジョンをもつ政治勢力が、日本国家の中心にいるのです。

たとえば、日本会議国会議員懇談会の中心的なメンバーである稲田朋美防衛大臣がこんな発言をしています。「神武天皇の偉業に立ち戻り、日本のよき伝統を守りながら改革を進めるのが明治維新の精神だった。その精神を取り戻すべく、心を一つに頑張りたい」(「朝日新聞」一一月二日付)。これは二〇一六年一一月の「明治の日を実現する院内集会」での言葉です。

本書でもすでに触れたように「文化の日」を「明治の日」と改称するのは単に国民の祝日の名前の変更ではありません。明治神宮に祭られる「神」である明治天皇の偉大さを称揚する「明治節」の復活です。しかも神話に由来する「神武天皇の偉業」を「日本のよき伝統」として防衛大臣が語っている。軍事的「偉業」を遂げて神として祭られる神武天皇と明治天皇がこのように結びつけられている。このような政府の下にあることの危うさを私たちはあらためて考え直してみるべきでしょう。

このような事態が訪れることについては、「日本人と宗教」という問題に取り組んできた研究者として予感めいたものがなかったわけではありません。冷戦の終結による世界秩序の変化、とくに湾岸戦争の影響の衝撃は大きく、他方、バブルの崩壊と長い経済停滞が続き、日本人の不安がたかまってきた一九九〇年代のことです。不安から逃れる心のよりどころとして、人々が「神聖な国家」に支えを求める宗教ナショナリズムの広まりを感知する機会が増えてきたのです。

日本の宗教ナショナリズムと言えば、ありうるシナリオは戦前の国体論の復活です。つまり、天皇崇敬と神聖国家観の鼓吹です。それゆえ、宗教史研究の主要な課題を一九九〇年代後半には国家神道から見た日本の近代というところに据え、近代の天皇崇敬や国体論の歴史に関心を寄せてきました。しかし、そのような経緯で国家神道に注目してきた私にとっても、二〇一〇年代の展開は予想外のことでした。これほど早くこのような時代が来るとは思わなかったのです。現在、台頭が懸念されるのは、憲法学者が「神権的国体論」と呼んだものに通じる政治意識です。京都大学名誉教授の佐藤幸治氏によれば、明治憲法は「神権的国体観念と立憲主義とを結び付けようとする複合的性格の強い憲法であり、どちらに軸足をおくかによってその運用が大きく異なる可能性を秘めていた」（『立憲主義について』左右社、二〇一五年）のですが、この明治憲法体制の「神権的国体論」の肥大化がもたらした大きな失敗と悲劇については、片山さんとくりかえし分析したとおりです。立憲主義的な国家構想と「神権的国体論」の二重性の矛盾はとけることなく、「天皇機関説」事件後から敗戦までの日本はすっかり「神権的国体観念」に乗っ取られてしまったのです。

この歴史の反省を踏まえれば、「神権的国体論」を尊ぶ人たちの政治力の上昇は警戒すべきものです。私たちは近代史の重い経験を踏まえて、「神権的国体論」と不可分だった「神聖天皇」を軸とする制度（国家神道体制）から、民主主義、立憲主義に合致する「象徴天皇制」への転換の道をたどってきました。当然のことながら、今守るべきものはこの転換によってもたらされた「象徴天皇」のあり方です。

「神聖か、象徴か」という問いに向き合わなくてはならないより大きな理由は、立憲デモクラシーと宗教や精神文化の関わりという点にあります。

立憲デモクラシーが健全に機能するためには、公共空間における宗教的な基盤、あるいは精神文化的な基盤との適切な関係づけが必要です。世俗的な制度の背後にある宗教や精神文化が再認識されている。これは現代世界に広く見られる傾向です。国政や公共空間がどのような価値意識を反映しつつ構成されているかを考えるとき、伝統的に継承され再構成されてきた精神文化、とりわけその近代的なあり方の考察が欠かせません。

精神文化や伝統と言っても、日本には神道もあり、仏教もあり、儒教もあり、キリスト教もあり、皇室の伝えてきた伝統もあります。また、近代の非宗教的・世俗主義的な思想の影響も大きいです。それらの多様性を認めつつ、敗戦に至る経験を踏まえ、近代国家の枠組みを再構成したものとして、「国民統合の象徴」としての天皇という制度があります。公共空間から精神文化や宗教的伝統を完全に追い出すことはできません。

だからこそ、特定の伝統が国家と結びつき抑圧的に、あるいは排除的に働くことについて、じゅうぶん警戒しなくてはならないのです。

全体主義へと向かった「神聖」天皇ではなく、多様な精神文化や思想的立場を排除せずに国民統合の「象徴」として存在する天皇、これが日本国憲法の天皇の位置づけです。神道とつながるような精神文化（とりわけ皇室祭祀）を継承しつつも、日本国憲法にのっとって信教の自由・思想信条の自由を保障するような皇室のあり方を、戦後日本は模索しつつ形成し、おおかたの国民の支持を得てきました。「象徴」という言葉を何度も用いられた二〇一六年八月八日の今上天皇の「お言葉」は、このことを確認する意味をもつものでした。

「神聖か、象徴か」という問いは、戦後の日本の歴史のなかでは見えにくくなっていました。もはや「象徴天皇」の時代であり、「神聖天皇」への回帰はないはずだという思い込みが支配的だったのです。

しかし、「神聖天皇」を国家制度に組み込むことを願う政治意識は根強いものがあります。そうした政治意識を育むような側面も象徴天皇制のなかに含まれているのです。「神聖天皇」の像を強めていけば、立憲主義が骨抜きにされ、国民主権・基本的人権の尊重・平和主義という日本国憲法の三大原則も揺るぎかねない。二〇一〇年代に入り、そのような懸念をもたざるをえない状況になっています。

こうした問題の究明は、天皇崇敬や国体論の歴史を射程に入れている政治史、政治思想史の研究と切り離せません。私が知的恩恵を受けてきた研究者のなかでもとくに啓発的なお仕事を続けてこられたのが片山杜秀さんです。具体的な事例を踏まえた、視野の広い、かつユニークな考察に耳を傾けそれに応じるのは、知的な刺激に富んだ経験でもありました。

近代の天皇崇敬や国体論を見直すという私の関心の糸と、「タテ割り」日本の政治構造などの「片山ヴィジョン」の糸が織り合わさってできた本書が、「神聖か、象徴か」の問いの掘り下げに少しでも役に立つようであれば、幸いです。

# 象徴天皇制の虚妄に賭ける

片山杜秀

二〇一六年夏の今上天皇の「お言葉」について、私は昔風に言えば「承詔必謹」の立場です。詔を承ってそのとおりにすべき、ということです。といっても、私は大日本帝国憲法を現代においてなお信奉する者ではありません。したがって、天皇陛下の詔を拝し奉ったからには内容如何《いかん》にかかわらずそのとおりにせねばならぬと考えているわけではありません。そうではなくて「お言葉」の中身に深く共感し、ゆえにそれを発した人に敬愛の念を抱き、ゆえに「お言葉」どおりにしなければ、人として落ち着かないからです。つまり人と人との関係においてそう思うのです。

戦後民主主義における象徴天皇について「お言葉」ほど突き詰めて語られたものをほかに知りません。今上天皇ほど象徴天皇とは何かという戦後日本の民主主義の根幹をまじめに考え抜かれた人はいないでしょう。それに比べればわれわれの思慮は足りていなかったのではないでしょうか。

私は子供のころ、象徴天皇は空虚なものとか、ただいるだけのものとかと、周囲の大人たちより教えられた覚えがあります。そう刷り込まれて、不徳の致すところと申しましょうか、なんとなくそれでよしとしてきたようにも思います。

しかし、空虚なものやただいるだけのものが、歌を詠んだり、被災地に出向いたりするでしょうか。いつもいたのは、空虚でない存在であり、ただいるだけでは済まない存在であったのでしょう。そういう存在をわれわれはいつも目にし、耳にしてきたというのに、その存在が本当は何かということをじゅうぶんに考えてこなかったのではないでしょうか。

そのせいで、ついに天皇みずからが「お言葉」を発さなくてはいけなくなった。慮《おもんぱか》りが足りなくて申し訳ないという気持ちを、「お言葉」に接した私は国民のひとりとして持ちました。

けれど「承詔必謹」で明快に一点の曇りもなく押し通していけば間違いなしと信じられるかというと、そこまで単純には割り切れない気持ちも、やはり私にはあります。

そもそも民主主義とは何でしょうか。その純粋型は、民主主義世界の構成員がすべて対等な政治的権利を有する民衆の一員であることを求めます。そこに「神」がいても、「神」の片鱗《へんりん》を有する者がいてもなりません。

それでも民主主義世界に天皇がいるとすれば、その天皇は人としてほかの国民から尊敬され敬愛され信頼される特別な人であると不断に認証され続けなければならないでしょう。「神」であれば存在に伴う性質として「神性」を有しているので、ただいるだけでも偉いことになりますが、日本の戦後民主主義が民主主義の理念を徹底するのであれば、天皇には神秘の片鱗すらあっても宜しくないことになる。そして「お言葉」における象徴天皇のありようはまさにその目標の完遂をめざしている。国民とふれあう行為を不断に続けることでただひたすら一個の人間として国民に認め続けてもらい皇位を保ちうる存在が象徴天皇であると、述べておられる。少なくとも私はそのように理解しております。

だとすれば、天皇の人としての存在は常にかなりの高次元に達して、そこで長く保たれていないと困ることになりませんか。もちろん、全国津々浦々のみならず、世界の果てまでも旅し続けられるほど壮健な身体を有しておられねばならない。栄典の授与やパーティなどで、ひとりでも多くの人々とふれあい続けなければならない。

その体力と気力だけでも大変ですが、それが備わっていれば満足というものでもないでしょう。ただ天皇みずからが顔を出し足を運べば天皇と国民との間に相互的な敬愛の念が醸成されるわけでもありますまい。やはり人格、人柄、言動、日々の立ち居振る舞いがいちいちものを言うでしょう。

戦後の昭和天皇とそれに続く今上天皇はその方向でつねに高い存在であられたように思われます。しかし、今後の天皇が人としてつねに国民の敬愛を勝ち得ることができるかとなるとまた別問題でしょう。天皇をひたすら人として評価する方向で象徴天皇を最終的に定義づけ決定づけてしまうと、万が一、尊敬しにくい天皇があらわれたとき、天皇制の存在そのものに疑問符をつける世論が喚起される可能性も高くなるでしょう。

いや、そもそも近代民主主義を純粋型へと突き詰めてゆけば、どうしても契約説の考え方にたどり着かざるを得ないのではありますまいか。民主主義は対等な諸個人が安全に生きてゆくために便宜上、契約を交わして社会をなし、国家をなす。諸個人が共に和する共和国という政治体制が民主主義の理想のかたちである。そこに天皇の居場所は本来的にはないでしょう。それは日本の国柄としては拙いとのコンセンサスが成立してきたので、戦後民主主義日本の大政党に自由民主党や自由党や民主党はあっても、アメリカにはある共和党がないのです。

民主主義を原理的に追求すると行き着く先はアメリカやフランスのような共和主義の共和国や合衆国だとしましょう。とすれば、戦後民主主義をより本物の民主主義らしくしてゆくべく天皇の位置づけも考え直そうという「お言葉」が、天皇制の存立基盤をより危うくする道につながらないとは、なかなか断言できますまい。「お言葉」を退けようとする人々の気持ちはそのあたりに由来するのでしょう。私もそれはよくわかるつもりです。

でもだからといって「現人神」としての天皇像や、そこまでは行かずとも神秘的なカラーを強める天皇像への回帰を歓迎するわけにはまいりません。

大日本帝国は「現人神」への献身を国民に強いたうえに、その代償としての勝利も得られぬどころか凄《すさ》まじい水準での敗北に至り、その切実な反省から昭和天皇の「人間宣言」が発せられ、今上天皇は「人間宣言」にひたすら忠実に、それを突き詰めようと努めてこられた。それが日本の戦後民主主義の世界であり、今のわれわれにそれを否定すべき積極的な理由があるとは思われません。

天皇と前近代的神秘性の結びつきを否定して、近代民主主義の合理性にかなうように天皇像を改めてゆく。敗戦以来の歴史に即すれば、その道を追求するのが戦後日本の道理であり、「人間宣言」→「お言葉」の方向を追求するのが戦後民主主義の大義でしょう。その道は昭和天皇と今上天皇によってずっと試され、戦後憲法体制になじみ、実を挙げてきたと思います。

この先、「お言葉」の方向が極限的に展開され、民主主義の理念を日本がより原理主義的に徹底してゆくことがあるとすれば、先述のように天皇制が危うくなる可能性も否めないかもしれません。けれど、民主主義に限らず何事も、理念を純粋に原理主義的に実現すればよいというものでもありません。国民に理性があれば落ち着くところに落ち着きます。極端には靡きますまい。くりかえしますが理性があれば！「お言葉」の説く、国民との信頼関係を具体的行為の不断の積み重ねによって築き続ける象徴天皇のありようも、ハードルは高いと言っても、次代、次々代、次々々代の天皇によって受け継がれてゆけないものでは決してありますまい。

たしかに民主主義と天皇制は究極的相性はよくありません。しかし、近代民主主義国家として今のところもっとも長続きしているのは、極端に傾かず王室と民主主義的政体を宜しく両立させてきたイギリスであるという歴史的事実もあります。

丸山眞男は「戦後民主主義の虚妄に賭ける」と言いました。今上天皇の「お言葉」に深く説得された私としては、象徴天皇制の虚妄に賭けたいと考えます。

最後に、島薗進先生のお相手を務めさせていただいて、まさに現代日本における知識人の矜持《きょうじ》に触れさせていただけたことは無上の光栄でした。深く感謝します。

# 象徴としてのお務めについての天皇陛下のおことば

（平成二八年八月八日）


戦後七〇年という大きな節目を過ぎ、二年後には、平成三〇年を迎えます。

私も八〇を越え、体力の面などから様々な制約を覚えることもあり、ここ数年、天皇としての自らの歩みを振り返るとともに、この先の自分の在り方や務めにつき、思いを致すようになりました。

本日は、社会の高齢化が進む中、天皇もまた高齢となった場合、どのような在り方が望ましいか、天皇という立場上、現行の皇室制度に具体的に触れることは控えながら、私が個人として、これまでに考えて来たことを話したいと思います。

即位以来、私は国事行為を行うと共に、日本国憲法下で象徴と位置づけられた天皇の望ましい在り方を、日々模索しつつ過ごして来ました。伝統の継承者として、これを守り続ける責任に深く思いを致し、更に日々新たになる日本と世界の中にあって、日本の皇室が、いかに伝統を現代に生かし、いきいきとして社会に内在し、人々の期待に応えていくかを考えつつ、今日に至っています。

そのような中、何年か前のことになりますが、二度の外科手術を受け、加えて高齢による体力の低下を覚えるようになった頃から、これから先、従来のように重い務めを果たすことが困難になった場合、どのように身を処していくことが、国にとり、国民にとり、また、私のあとを歩む皇族にとり良いことであるかにつき、考えるようになりました。既に八〇を越え、幸いに健康であるとは申せ、次第に進む身体の衰えを考慮する時、これまでのように、全身全霊をもって象徴の務めを果たしていくことが、難しくなるのではないかと案じています。

私が天皇の位についてから、ほぼ二八年、この間《かん》私は、我が国における多くの喜びの時、また悲しみの時を、人々と共に過ごして来ました。私はこれまで天皇の務めとして、何よりもまず国民の安寧と幸せを祈ることを大切に考えて来ましたが、同時に事にあたっては、時として人々の傍らに立ち、その声に耳を傾け、思いに寄り添うことも大切なことと考えて来ました。天皇が象徴であると共に、国民統合の象徴としての役割を果たすためには、天皇が国民に、天皇という象徴の立場への理解を求めると共に、天皇もまた、自らのありように深く心し、国民に対する理解を深め、常に国民と共にある自覚を自らの内に育てる必要を感じて来ました。こうした意味において、日本の各地、とりわけ遠隔の地や島々への旅も、私は天皇の象徴的行為として、大切なものと感じて来ました。皇太子の時代も含め、これまで私が皇后と共に行《おこな》って来たほぼ全国に及ぶ旅は、国内のどこにおいても、その地域を愛し、その共同体を地道に支える市井《しせい》の人々のあることを私に認識させ、私がこの認識をもって、天皇として大切な、国民を思い、国民のために祈るという務めを、人々への深い信頼と敬愛をもってなし得たことは、幸せなことでした。

天皇の高齢化に伴う対処の仕方が、国事行為や、その象徴としての行為を限りなく縮小していくことには、無理があろうと思われます。また、天皇が未成年であったり、重病などによりその機能を果たし得なくなった場合には、天皇の行為を代行する摂政を置くことも考えられます。しかし、この場合も、天皇が十分にその立場に求められる務めを果たせぬまま、生涯の終わりに至るまで天皇であり続けることに変わりはありません。

天皇が健康を損ない、深刻な状態に立ち至った場合、これまでにも見られたように、社会が停滞し、国民の暮らしにも様々な影響が及ぶことが懸念されます。更にこれまでの皇室のしきたりとして、天皇の終焉に当たっては、重い殯の行事が連日ほぼ二ヶ月にわたって続き、その後喪儀《そうぎ》に関連する行事が、一年間続きます。その様々な行事と、新時代に関わる諸行事が同時に進行することから、行事に関わる人々、とりわけ残される家族は、非常に厳しい状況下に置かれざるを得ません。こうした事態を避けることは出来ないものだろうかとの思いが、胸に去来することもあります。

始めにも述べましたように、憲法の下《もと》、天皇は国政に関する権能を有しません。そうした中で、このたび我が国の長い天皇の歴史を改めて振り返りつつ、これからも皇室がどのような時にも国民と共にあり、相たずさえてこの国の未来を築いていけるよう、そして象徴天皇の務めが常に途切れることなく、安定的に続いていくことをひとえに念じ、ここに私の気持ちをお話しいたしました。

国民の理解を得られることを、切に願っています。

**片山杜秀**（かたやま もりひで）
一九六三年生まれ。政治学者。政治思想史研究者。慶應義塾大学法学部教授。主な著作に『未完のファシズム―「持たざる国」日本の運命』(司馬遼太郎賞受賞)、『近代日本の右翼思想』など。

**島薗 進**（しまぞの すすむ）
一九四八年生まれ。宗教学者。東京大学名誉教授。上智大学大学院実践宗教学研究科教授、同グリーフケア研究所所長。専門は日本宗教史。日本宗教学会元会長。主な著作に『国家神道と日本人』など。

集英社新書〇八六五A

# 近代天皇論《きんだいてんのうろん》――「神聖《しんせい》」か、「象徴《しょうちょう》」か

二〇一七年一月二二日　第一刷発行
二〇一七年二月一四日　第二刷発行

著者……片山杜秀《かたやまもりひで》／島薗《しまぞの》　進《すすむ》
発行者……茨木政彦
発行所……株式会社集英社
東京都千代田区一ツ橋二-五-一〇　郵便番号一〇一-八〇五〇
電話　〇三-三二三〇-六三九一(編集部)
〇三-三二三〇-六〇八〇(読者係)
〇三-三二三〇-六三九三(販売部)書店専用

装幀……原　研哉
印刷所……凸版印刷株式会社
製本所……加藤製本株式会社

定価はカバーに表示してあります。

 ISBN 978-4-08-720865-8 C0231



Printed in Japan

a pilot of wisdom

## 政治・経済――A

a pilot of wisdom

集英社新書　好評既刊

子規と漱石 友情が育んだ写実の近代
小森陽一　0854-F
高等中学の同窓生である正岡子規と夏目漱石。彼らが意見を戦わせ生まれた「写生」概念の成立過程を解説。

非モテの品格 男にとって「弱さ」とは何か
杉田俊介　0855-B
男が生きづらい現代、たとえ愛されず、承認されずとも、優しく幸福に生きていく方法を探る新男性批評！

淡々と生きる 100歳プロゴルファーの人生哲学
内田 棟　0856-C
田中角栄、佐藤栄作など著名人をレッスン、100歳の今も練習をするプロゴルファーの半生と信念を描く。

在日二世の記憶
小熊英二／髙賛侑／高秀美 編　0857-D
「一世」以上に運命とアイデンティティの問いに翻弄された「二世」50人の人生の足跡。近現代史の第一級資料。

中央銀行は持ちこたえられるか ――忍び寄る「経済敗戦」の足音
河村小百合　0858-A
デフレ脱却のため異次元緩和に邁進する政府・日銀。この政策が国民にもたらす悲劇的結末を示す警告の書。

〈本と日本史〉① 『日本書紀』の呪縛
吉田一彦　0859-D
当時の権力者によって作られた「正典」を、最新の歴史学の知見をもとに読み解く『日本書紀』研究の決定版！

チョコレートはなぜ美味しいのか
上野 聡　0860-G
微粒子の結晶構造を解析し「食感」の理想形を追究する食品物理学。「美味しさ」の謎を最先端科学で解明。

すべての疲労は脳が原因2〈超実践編〉
梶本修身　0861-I
前作で解説した疲労のメカニズムを、今回は「食事」「睡眠」「環境」から予防・解消する方法を紹介する。

「イスラム国」はテロの元凶ではない グローバル・ジハードという幻想
川上泰徳　0862-B
世界中に拡散するテロ。その責任は「イスラム国」ではなく欧米にあることを一連のテロを分析し立証する。

安吾のことば 「正直に生き抜く」ためのヒント
藤沢 周 編　0863-F
昭和の激動期に痛烈なフレーズを発信した坂口安吾。今だからこそ読むべき言葉を、同郷の作家が徹底解説。